"Domina los embudos de ventas en Instagram"

"Estrategias Avanzadas Utilizando el Método AIDA"

Contents

Indice

Introducción

En la era digital, Instagram se ha convertido en una plataforma de marketing esencial para empresas de todos los tamaños. Su capacidad para conectarse con audiencias altamente comprometidas y convertirlas en clientes leales es incomparable. En este libro, exploraremos en detalle cómo aprovechar al máximo Instagram para crear embudos de ventas efectivos utilizando el método AIDA (Atención, Interés, Deseo y Acción). Desde Reels hasta Mensajes Directos, cubriremos todas las herramientas y estrategias necesarias para alcanzar el éxito en esta plataforma.

Capítulo 5: Llevando a la Acción: Cómo Convertir Seguidores en Clientes
- Estrategias de llamada a la acción efectivas en publicaciones y Reels.
- Fomentando el tráfico hacia tu sitio web o tienda en línea.
- El papel clave de los Mensajes Directos en la conversión.

Capítulo 6: Automatización y Seguimiento
- Herramientas de automatización de Instagram para mantener el compromiso.
- Seguimiento y análisis de métricas clave.
- Ajuste constante de estrategias en función de los resultados.

Capítulo 7: Estudios de Caso Exitosos
- Ejemplos reales de marcas que han implementado con éxito embudos de ventas en Instagram utilizando AIDA.
- Lecciones aprendidas y mejores prácticas.

Capítulo 8: Superando Desafíos Comunes
- Abordar la competencia en Instagram.
- Manejo de comentarios negativos y crisis de reputación.
- Adaptación a los cambios algorítmicos de Instagram.

Capítulo 9: Construyendo Relaciones Duraderas con Clientes
- Estrategias de fidelización de clientes en Instagram.
- El valor de la atención al cliente a través de Mensajes Directos.
- Creación de contenido postventa para mantener el compromiso.

Capítulo 10: Plan de Acción
- Cómo crear un plan de acción personalizado para tu negocio en Instagram.
- Paso a paso para implementar un embudo de ventas basado en el método AIDA.
- Medición del éxito y ajuste continuo.

Introducción

Bienvenidos a un viaje emocionante y lucrativo hacia el éxito en el mundo del marketing en Instagram. Este libro, "Embudos de Ventas en Instagram: Aplicando el Método AIDA con Maestría", está diseñado para convertirte en un experto en el uso de Instagram como una herramienta poderosa para impulsar tus ventas y hacer crecer tu negocio.

Imagina un lugar donde más de mil millones de personas de todo el mundo se conectan diariamente, compartiendo sus momentos, intereses y deseos. Ese lugar es Instagram, una plataforma que ha revolucionado la forma en que las empresas interactúan con sus clientes y promocionan sus productos y servicios.

Instagram se ha convertido en mucho más que una red social de fotos y videos. Es un mercado global, una vitrina virtual, y un escenario donde las historias se cuentan en segundos y los productos se venden en un abrir y cerrar de ojos. Pero, para triunfar en este entorno altamente competitivo, necesitas más que solo publicar fotos bonitas y esperar que los clientes lleguen.

¿Te sientes abrumado por la complejidad de Instagram? ¿Te preguntas cómo puedes destacar entre la multitud de competidores? ¿Sientes que tu estrategia de marketing en Instagram está estancada y no estás viendo los resultados que esperabas? No estás solo.

Este libro es tu guía definitiva para desbloquear el potencial de Instagram como una máquina de ventas eficiente. Te llevaré paso a paso a través del Método AIDA, una metodología probada que ha impulsado a muchas empresas a alcanzar el éxito en Instagram y más allá.

¿Qué es el Método AIDA y por qué es tan poderoso en Instagram?

AIDA son las iniciales de Atención, Interés, Deseo y Acción, y representan las etapas cruciales que un cliente potencial atraviesa antes de convertirse en un cliente real. Estas etapas son fundamentales en cualquier proceso de ventas exitoso, y cuando se aplican con precisión en el entorno de Instagram, pueden marcar la diferencia entre el éxito y el estancamiento.

- Atención: La primera etapa es captar la atención de tu audiencia. En Instagram, esto significa destacar en medio del ruido constante de imágenes y videos. Aprenderás estrategias para crear contenido atractivo que haga que las personas se detengan en sus pistas y presten atención a lo que tienes que decir.
- Interés: Una vez que tengas su atención, debes mantenerla y cultivar el interés. Descubrirás cómo contar historias efectivas que conecten emocionalmente con tus seguidores y cómo mantenerlos comprometidos a lo largo del tiempo.
- Deseo: Ahora que tienes su interés, es hora de hacer que deseen lo que tienes para ofrecer. Te mostraré cómo despertar el deseo de tus productos o servicios utilizando estrategias persuasivas y contenido visualmente impactante.
- Acción: Finalmente, el objetivo es llevar a tus seguidores a tomar medidas. Aprenderás a utilizar llamadas a la acción efectivas en tus publicaciones, Reels, Historias y Mensajes Directos para convertir seguidores en clientes.

Pero este libro va más allá de las etapas de AIDA. Exploraremos estrategias específicas para crear contenido atractivo, generar interacción con tu audiencia, despertar el deseo por tu producto o servicio y, lo que es más importante, llevar a la acción y convertir seguidores en clientes leales.

Descubrirás cómo usar las características únicas de Instagram, como Reels, Historias, Publicaciones y Mensajes Directos, para construir embudos de ventas efectivos que funcionen para tu negocio. A lo largo de estas páginas, te sumergirás en ejemplos de empresas exitosas que han aplicado con maestría el Método AIDA en Instagram para alcanzar resultados asombrosos.

¿Qué Puedes Esperar de Este Libro?

Este libro está diseñado para proporcionarte un conocimiento sólido y aplicable que te permitirá transformar tu presencia en Instagram en una máquina de ventas efectiva. Algunos de los temas clave que abordaremos incluyen:

- Cómo comprender y aplicar el Método AIDA en el contexto de Instagram.
- Estrategias para crear contenido atractivo que capte la atención de tu audiencia.
- Cómo diseñar visualmente tu perfil y contenido para construir una marca coherente.
- El poder del storytelling efectivo para generar interés y conexión emocional.
- Estrategias para fomentar la interacción con tu audiencia a través de Reels, Historias, Publicaciones y Mensajes Directos.
- Cómo utilizar encuestas, preguntas y desafíos para involucrar a tus seguidores.
- La importancia de testimonios y pruebas sociales en Instagram.
- Estrategias para destacar los beneficios de tus productos o servicios.
- Cómo mostrar tu propuesta de valor a través de Historias en Instagram.
- Estrategias efectivas de llamada a la acción en tus publicaciones y Reels.
- Cómo fomentar el tráfico hacia tu sitio web o tienda en línea desde Instagram.
- El papel clave de los Mensajes Directos en la conversión de seguidores en clientes.
- Herramientas de automatización y seguimiento para mantener el compromiso.

- Cómo medir el éxito y ajustar continuamente tus estrategias para obtener mejores resultados.
- Estudios de casos exitosos y lecciones aprendidas de empresas que han triunfado en Instagram.

Este libro está diseñado para todos: desde emprendedores que recién comienzan a empresas establecidas que buscan llevar su presencia en Instagram al siguiente nivel. No importa cuál sea tu nivel de experiencia en marketing en redes sociales; aquí encontrarás consejos y estrategias prácticas que te ayudarán a lograr tus objetivos.

Tu Éxito en Instagram Comienza Aquí

Prepárate para embarcarte en un emocionante viaje hacia el éxito en

Descargo de Responsabilidad

La información proporcionada en este libro es solo para fines informativos y educativos. El autor y el editor no se hacen responsables de ningún resultado adverso derivado de la aplicación de las estrategias y consejos descritos en este libro.

El éxito en el marketing en Instagram y en la implementación de estrategias de embudo de ventas depende de numerosos factores, incluidos, entre otros, el nicho de mercado, la calidad del contenido y la dedicación del lector. No podemos garantizar resultados específicos, y los resultados pueden variar de persona a persona.

Es importante destacar que las plataformas de redes sociales, como Instagram, están sujetas a cambios frecuentes en algoritmos y políticas. Por lo tanto, la información proporcionada en este libro puede volverse obsoleta con el tiempo.

Se recomienda encarecidamente a los lectores que realicen su propia investigación y busquen asesoramiento profesional antes de tomar decisiones relacionadas con el marketing en Instagram o cualquier otra

estrategia de negocios. El autor y el editor no asumen ninguna responsabilidad por las acciones tomadas por los lectores en función de la información contenida en este libro.

Este libro no constituye asesoramiento legal, financiero ni profesional. Siempre se debe buscar orientación adecuada y personalizada en áreas específicas relacionadas con su negocio o situación.

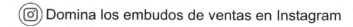 Domina los embudos de ventas en Instagram

Capítulo 1: Comprendiendo el Método AIDA en Instagram

1.1 Explicación detallada del método AIDA.

El Método AIDA, que significa Atención, Interés, Deseo y Acción, es un enfoque clásico en marketing que ha demostrado ser altamente efectivo para guiar a los consumidores a través del proceso de toma de decisiones. Al aplicar este método en Instagram, puedes crear embudos de ventas sólidos que involucre a tu audiencia y la conviertan en clientes leales. Aquí te proporcionaremos una explicación detallada de cada fase de AIDA, junto con ejemplos específicos de cómo las empresas exitosas lo aplican en Reels, Historias, Publicaciones y Mensajes Directos.

Por supuesto, el método AIDA es un enfoque fundamental en el campo del marketing y la publicidad que se utiliza para guiar a los consumidores a través del proceso de toma de decisiones y convertirlos en clientes. AIDA es un acrónimo que representa las cuatro etapas principales en el proceso de persuasión y comunicación de marketing: Atención, Interés, Deseo y Acción. Aquí tienes una explicación detallada de cada una de estas etapas:

1. Atención (Attention): La primera etapa, Atención, se centra en captar la atención del consumidor de manera efectiva. En un mundo lleno de distracciones, es esencial destacar y atraer la mirada de tu público objetivo. Esto se logra a través de técnicas como titulares llamativos, imágenes impactantes, colores brillantes o elementos visuales inusuales. El objetivo aquí es que el consumidor te note y preste atención a tu mensaje o producto.

2. Interés (Interest): Una vez que has captado la atención del consumidor, la siguiente etapa es despertar su interés genuino en lo que tienes para ofrecer. Aquí es donde proporcionas información

relevante y convincente sobre tu producto o servicio. Puedes resaltar características únicas, beneficios, soluciones a problemas o cualquier elemento que haga que el consumidor quiera saber más. El contenido en esta etapa debe ser informativo y valioso para el consumidor.

3. Deseo (Desire): La etapa de Deseo se trata de convertir el interés en un fuerte deseo o anhelo por tu producto o servicio. Esto se logra destacando los beneficios, demostrando cómo tu producto puede resolver problemas o satisfacer necesidades específicas del consumidor, y creando una conexión emocional. Los testimonios, reseñas positivas y casos de éxito también son efectivos para aumentar el deseo. La idea es que el consumidor sienta que tu oferta es la mejor opción para satisfacer sus necesidades.

4. Acción (Action): La última etapa del modelo AIDA es la Acción, donde deseas que el consumidor tome una medida concreta, como comprar tu producto, suscribirse a tu boletín informativo, registrarse en tu sitio web o realizar cualquier otra acción relevante para tu objetivo de marketing. Aquí es donde proporcionas un llamado a la acción (CTA) claro y persuasivo que guía al consumidor hacia la acción deseada. Puedes ofrecer incentivos, descuentos o garantías para motivar la conversión.

1 Atención en Instagram

La primera fase, "Atención", se trata de captar la atención de tu audiencia de manera impactante. En Instagram, esto se logra a través de contenido visual y creativo.

Ejemplos de cómo las empresas aplican la atención en diferentes formatos:

- Reels: Utiliza Reels llamativos para mostrar un problema común que tu producto o servicio resuelve. Por ejemplo, si vendes productos de limpieza ecológicos, puedes crear un Reel que muestre una comparación sorprendente entre tu producto y uno convencional.

- Historias: Crea Historias intrigantes que animen a los espectadores a deslizar hacia arriba para obtener más información. Por ejemplo, una tienda de moda puede publicar una historia que ofrezca un adelanto exclusivo de una nueva colección.

2 Interés en Instagram

Una vez que tienes la atención de tu audiencia, es crucial mantener su interés. Esto implica proporcionar información valiosa y relevante. Ejemplos de cómo las empresas generan interés:

- Publicaciones: Comparte publicaciones informativas que resuelvan problemas o respondan preguntas frecuentes. Por ejemplo, una empresa de alimentos saludables puede publicar una receta con ingredientes que venden.

- Reels: Crea Reels educativos que muestren cómo usar tus productos o servicios de manera efectiva. Por ejemplo, una empresa de fitness puede mostrar ejercicios utilizando su equipo.

3 Deseo en Instagram

La fase "Deseo" se trata de convertir el interés en un deseo real por tu producto o servicio. Las empresas exitosas utilizan estrategias específicas en Instagram para lograr esto:

- Historias: Ofrece descuentos exclusivos o promociones temporales a través de Historias para estimular el deseo de compra. Por ejemplo, una tienda en línea de ropa puede crear una historia con un código de descuento limitado en el tiempo.

- Mensajes Directos: Inicia conversaciones personales con tus seguidores a través de Mensajes Directos para comprender sus necesidades y deseos. Luego, personaliza tus ofertas en función de esa información.

4 Acción en Instagram

Finalmente, la fase "Acción" implica guiar a tus seguidores para que tomen medidas concretas, como realizar una compra o ponerse en contacto contigo. Ejemplos de cómo las empresas exitosas fomentan la acción:

- Publicaciones: Incluye enlaces de compra o botones de "Comprar Ahora" en tus publicaciones para facilitar la conversión. Por ejemplo, una tienda en línea de productos de belleza puede etiquetar productos directamente en las imágenes.
- Mensajes Directos: Utiliza Mensajes Directos para ofrecer un servicio al cliente excepcional y cerrar ventas de manera personalizada. Responde rápidamente a las consultas y proporciona opciones de pago sencillas.

Ejemplos de Empresas Exitosas:

- Ejemplo de Reels: Una marca de maquillaje puede crear un Reel de transformación antes y después utilizando sus productos, captando la atención con un cambio dramático y luego fomentando la acción con un enlace directo a la página de compra.
- Ejemplo de Historias: Una tienda en línea de productos para el hogar puede utilizar Historias para mostrar la historia detrás de la creación de sus productos, generando interés y deseo emocional en su audiencia.
- Ejemplo de Mensajes Directos: Una agencia de viajes puede utilizar Mensajes Directos para responder a preguntas de clientes potenciales, proporcionar itinerarios personalizados y finalizar la reserva de viajes de manera directa.

En resumen, el Método AIDA es una guía efectiva para crear embudos de ventas en Instagram. Comprender y aplicar cada fase en diferentes formatos de contenido te ayudará a atraer, involucrar y convertir a tu audiencia en clientes satisfechos.

Es importante destacar que el proceso AIDA no siempre es lineal, y los consumidores pueden moverse hacia atrás y adelante entre las etapas o incluso omitir algunas de ellas. Además, este modelo es ampliamente aplicable en diversas formas de marketing, ya sea en anuncios publicitarios, contenido de redes sociales, sitios web, correo electrónico o cualquier otro canal de comunicación.

En resumen, el método AIDA es una estrategia efectiva para guiar a los consumidores a través del proceso de toma de decisiones y convertirlos en clientes. Captar la atención, despertar el interés, generar deseo y llevar a la acción son los pasos fundamentales para lograr una comunicación de marketing exitosa.

1.2 Cómo aplicar AIDA en el entorno de Instagram

Instagram es una plataforma visual que brinda a las empresas una oportunidad única para aplicar el Método AIDA de manera efectiva y crear embudos de ventas exitosos. A continuación, desglosaremos cómo aplicar cada fase del Método AIDA en el entorno de Instagram, acompañado de ejemplos de empresas exitosas que han utilizado estas estrategias con éxito en Reels, Historias, Publicaciones y Mensajes Directos.

1 Atención

La fase de "Atención" en Instagram se basa en captar la mirada de tu audiencia de manera instantánea. La clave aquí es destacar y sorprender. Ejemplos de aplicación en diferentes formatos:

- Reels: Utiliza Reels creativos para mostrar un problema común que tu producto o servicio resuelve. Por ejemplo, una empresa de belleza puede mostrar una transformación dramática de maquillaje en un Reel corto, captando la atención de quienes buscan mejorar su aspecto.
- Historias: Publica Historias intrigantes que animen a tus seguidores a deslizar hacia arriba para obtener más información. Por ejemplo, una marca de ropa puede mostrar un adelanto exclusivo de su próxima colección en Historias para generar anticipación.
- Perfil Atractivo: Comienza por crear un perfil de Instagram atractivo y coherente con tu marca. Utiliza una imagen de perfil profesional y un nombre de usuario que sea fácil de recordar y relacionar con tu negocio.
- Publicaciones Visualmente Impactantes: Elige imágenes y gráficos de alta calidad para tus publicaciones. Asegúrate de que sean llamativos y relevantes para tu audiencia.

- Utiliza Hashtags Relevantes: Incorpora hashtags relevantes en tus publicaciones para aumentar la visibilidad y llegar a un público más amplio. Investiga y utiliza los hashtags populares en tu nicho.
- Historias Atractivas: Las historias de Instagram son una excelente forma de captar la atención. Utiliza funciones como preguntas, encuestas y deslizamientos para interactuar con tus seguidores y mantener su interés.

2 Interés

Una vez que tienes la atención de tu audiencia, es esencial mantener su interés proporcionando contenido valioso y relevante.

- Publicaciones: Comparte publicaciones informativas que resuelvan problemas o respondan preguntas frecuentes. Por ejemplo, una empresa de nutrición puede publicar consejos sobre una dieta equilibrada y cómo sus productos pueden ayudar.
- Reels: Crea Reels educativos que muestren cómo utilizar tus productos o servicios de manera efectiva. Por ejemplo, una empresa de fitness puede mostrar ejercicios utilizando su equipo.
- Contenido Educativo y Valioso: Crea contenido que informe, eduque o entretenga a tu audiencia. Publica consejos, tutoriales o contenido exclusivo que sea relevante para tus seguidores.
- Narra una Historia: Utiliza el storytelling en tus publicaciones y en las historias para involucrar emocionalmente a tu audiencia. Cuenta la historia de tu marca, comparte testimonios de clientes satisfechos o muestra cómo tu producto o servicio resuelve problemas.
- Colaboraciones e Influencers: Colabora con influencers en tu nicho para llegar a audiencias más amplias y generar interés.

Asegúrate de que las colaboraciones sean auténticas y relevantes para tu marca.

3 Deseo

La fase "Deseo" implica convertir el interés en un deseo genuino de tu producto o servicio.

- Historias: Ofrece descuentos exclusivos o promociones temporales a través de Historias para estimular el deseo de compra. Por ejemplo, una tienda en línea de electrónicos puede crear una Historia que ofrezca un descuento especial por tiempo limitado en un nuevo producto.
- Mensajes Directos: Inicia conversaciones personales a través de Mensajes Directos para comprender las necesidades y deseos de tus seguidores. Luego, personaliza tus ofertas en función de esa información.
- Destaca Beneficios y Ventajas: En tus publicaciones, Reels e historias, resalta los beneficios y ventajas de tus productos o servicios. Muestra cómo pueden mejorar la vida o satisfacer las necesidades de tus seguidores.
- Ofertas Exclusivas: Ofrece descuentos, promociones o regalos exclusivos para tus seguidores de Instagram. Esto puede estimular el deseo de compra.
- Testimonios y Reseñas: Comparte testimonios de clientes satisfechos y reseñas positivas de tus productos o servicios. El contenido generado por los usuarios puede ser altamente persuasivo.

4 Acción

La fase final, "Acción", se trata de guiar a tus seguidores para que tomen medidas concretas, como realizar una compra o ponerse en contacto contigo.

- Publicaciones: Incluye enlaces de compra o botones de "Comprar Ahora" en tus publicaciones para facilitar la conversión. Por ejemplo, una tienda en línea de moda puede etiquetar productos directamente en las imágenes con enlaces a la tienda.

- Mensajes Directos: Utiliza Mensajes Directos para ofrecer un servicio al cliente excepcional y cerrar ventas de manera personalizada. Responde rápidamente a las consultas y proporciona opciones de pago sencillas.
- Llamado a la Acción (CTA) Claro: En todas tus publicaciones y Reels, incluye un CTA claro que invite a tus seguidores a tomar medidas, como "Comprar ahora", "Registrarse" o "Contactarnos".
- Enlaces Directos: Utiliza la función de enlaces en historias si tienes acceso a ella (generalmente disponible para cuentas comerciales con más de 10,000 seguidores) o proporciona enlaces en tu biografía para que los seguidores puedan acceder fácilmente a tu sitio web o tienda en línea.
- Campañas y Concursos: Organiza campañas, sorteos o concursos en Instagram que requieran que los seguidores realicen acciones específicas, como etiquetar amigos o compartir contenido, para participar.
- Seguimiento y Analítica: Utiliza las herramientas de análisis de Instagram para evaluar el rendimiento de tus acciones y ajustar tu estrategia según sea necesario para mejorar las conversiones.

Ejemplos de Empresas Exitosas

- Ejemplo de Reels: Una marca de comida saludable puede crear un Reel que muestra la preparación rápida de una comida nutritiva utilizando sus productos, captando la atención con la rapidez y la salud, y luego animando a los espectadores a comprar los ingredientes en su tienda en línea.
- Ejemplo de Historias: Una tienda de muebles puede utilizar Historias para mostrar historias de clientes satisfechos que han transformado sus hogares con sus productos, generando interés y deseo emocional en su audiencia.
- Ejemplo de Mensajes Directos: Un negocio de servicios de consultoría puede utilizar Mensajes Directos para responder a

preguntas de clientes potenciales, ofrecer sesiones de consulta gratuitas y, finalmente, cerrar acuerdos personalizados a través de conversaciones directas.

En resumen, al aplicar el Método AIDA en Instagram, puedes guiar a tu audiencia desde la atención inicial hasta la acción deseada de manera efectiva. Utiliza ejemplos inspiradores de empresas exitosas para obtener ideas y adapta estas estrategias a tu propia marca y audiencia para lograr resultados positivos en Instagram.

1.3 La Importancia de Establecer Objetivos Claros

Antes de sumergirnos en la aplicación del Método AIDA en Instagram, es fundamental comprender la importancia de establecer objetivos claros. Los objetivos son como el norte en tu brújula de marketing; te proporcionan dirección y un marco para medir el éxito de tus estrategias. Aquí analizaremos cómo establecer objetivos claros puede impulsar tu estrategia de marketing en Instagram, con ejemplos específicos en Reels, Historias, Publicaciones y Mensajes Directos de empresas exitosas

1 La Importancia de Establecer Objetivos Claros en la Etapa de Atención del Modelo AIDA para Instagram.

En la primera etapa del modelo AIDA, la "Atención", tu objetivo principal es captar la atención de tu audiencia en Instagram. Esta etapa es crucial, ya que es el punto de partida para atraer a potenciales clientes hacia tu embudo de ventas. Establecer objetivos claros en esta etapa es esencial para orientar tus esfuerzos de marketing de manera efectiva y lograr que tu audiencia se detenga en su feed para prestar atención a tu contenido. A continuación, exploraremos la importancia de establecer objetivos claros en la etapa de Atención y cómo hacerlo de manera efectiva en Instagram.

Por qué es Importante Establecer Objetivos Claros en la Etapa de Atención:

Enfoque y dirección: Establecer objetivos claros te proporciona un enfoque definido. Sabrás exactamente qué estás tratando de lograr en tu estrategia de atención en Instagram, lo que te permitirá concentrar tus recursos y esfuerzos en acciones específicas.

Métricas Medibles: Los objetivos claros te permiten definir métricas específicas para evaluar el éxito. Podrás medir el progreso y determinar si estás alcanzando tus metas, lo que te proporciona información valiosa para ajustar tu estrategia si es necesario.

Motivación y Claridad: Establecer objetivos proporciona motivación y claridad tanto a ti como a tu equipo. Saber que estás trabajando hacia un objetivo concreto puede aumentar la motivación y el compromiso en la creación de contenido y estrategias de atención.

Cómo Establecer Objetivos Claros en la Etapa de Atención en Instagram

- Definir Objetivos Específicos: Los objetivos deben ser específicos y cuantificables. En lugar de simplemente decir "queremos más seguidores", establece un objetivo específico como "aumentar nuestro número de seguidores en un 20% en los próximos tres meses".

- Conoce a tu Audiencia: Antes de definir tus objetivos, debes comprender a tu audiencia. ¿Quiénes son? ¿Qué les interesa? ¿Qué tipo de contenido les atraerá? Esto te ayudará a establecer objetivos que resuenen con tu público objetivo.

- Utiliza Métricas Relevantes: En Instagram, algunas métricas clave para la etapa de Atención incluyen la tasa de clics, la tasa de interacción y el alcance. Establece objetivos en torno a estas métricas para medir la efectividad de tus esfuerzos.

- Considera el Contenido Visual: Instagram es una plataforma visual, por lo que tus objetivos deben estar relacionados con la calidad y el impacto visual de tu contenido. Esto podría incluir objetivos para la calidad de las imágenes, el diseño de gráficos atractivos y la coherencia visual de tu perfil.

- Establece Plazos Realistas: Define un marco de tiempo realista para alcanzar tus objetivos. Esto te ayudará a mantener un sentido de urgencia y a medir tu progreso de manera efectiva.

Ejemplo de Establecimiento de Objetivos en la Etapa de Atención en Instagram

Supongamos que eres el propietario de una tienda en línea de ropa de moda y quieres aumentar la visibilidad de tu marca en Instagram. Tu objetivo de atención podría ser el siguiente:

Objetivo:

Aumentar el alcance de nuestras publicaciones en Instagram en un 30% en los próximos dos meses.

Cómo Lograrlo:

- Publicar contenido visualmente atractivo y de alta calidad.
- Utilizar hashtags relevantes y populares para ampliar el alcance.
- Colaborar con influencers de moda para aumentar la visibilidad de la marca.
- Publicar con regularidad para mantener la presencia en el feed de los seguidores.

Estableciendo un objetivo claro como este, puedes enfocar tus esfuerzos en aumentar el alcance y la visibilidad de tu contenido en Instagram. Luego, podrás medir tu progreso y ajustar tu estrategia si es necesario para acercarte a tu objetivo. Recuerda que los objetivos en la etapa de Atención son el primer paso para guiar a tu audiencia a lo largo del embudo de ventas AIDA en Instagram y convertir seguidores en clientes comprometidos.

2. La Importancia de Establecer Objetivos Claros en la Etapa de Interés del Modelo AIDA para Instagram

En la segunda etapa del modelo AIDA, el "Interés", tu objetivo principal es mantener la atención de tu audiencia y cultivar un genuino interés en lo que tienes para ofrecer. Esta etapa es crucial ya que, después de haber captado la atención en la fase anterior, debes seguir proporcionando contenido valioso que mantenga el interés de tus seguidores. La clave para lograrlo radica en establecer objetivos claros que te guíen en la creación de contenido y estrategias efectivas. A continuación, exploraremos la importancia de establecer objetivos claros en la etapa de Interés y cómo hacerlo de manera efectiva en Instagram.

Por qué es Importante Establecer Objetivos Claros en la Etapa de Interés

- Retención de la Audiencia: En esta etapa, necesitas mantener a tu audiencia interesada y comprometida con tu contenido. Establecer objetivos claros te ayuda a identificar qué tipo de contenido y enfoque funciona mejor para retener a tus seguidores.

- Conexión Emocional: Los objetivos claros te permiten crear contenido que resuene emocionalmente con tu audiencia. El interés genuino y la conexión emocional son fundamentales para construir relaciones sólidas con tus seguidores.

- Fomento de la Confianza: Al proporcionar contenido de alta calidad y relevante, construyes confianza con tu audiencia. Esto es esencial para futuras etapas del embudo de ventas, donde los seguidores se convierten en clientes.

Cómo Establecer Objetivos Claros en la Etapa de Interés en Instagram

Comprende a tu Audiencia: Antes de definir tus objetivos, debes tener una comprensión profunda de quiénes son tus seguidores, cuáles son sus intereses y qué tipo de contenido les atrae. Utiliza la información demográfica y el análisis de Instagram para obtener información valiosa.

Define Objetivos Relevantes: Los objetivos deben estar alineados con la etapa de Interés. Algunos ejemplos de objetivos relevantes para esta etapa incluyen aumentar la tasa de interacción, incrementar el tiempo promedio que los usuarios pasan viendo tus historias o incrementar el número de seguidores que hacen clic en tus enlaces.

Crea Contenido Valioso: Basa tus objetivos en la creación de contenido que aporte valor a tu audiencia. Esto podría incluir tutoriales, consejos útiles, historias inspiradoras o contenido exclusivo que solo encuentren en tu perfil de Instagram.

Establece Plazos Realistas: Define un marco de tiempo realista para alcanzar tus objetivos de Interés. Esto te ayudará a medir el progreso y mantener el enfoque en la etapa de Interés.

Ejemplo de Establecimiento de Objetivos en la Etapa de Interés en Instagram

Supongamos que eres propietario de una marca de productos de belleza y deseas cultivar un interés genuino en tu línea de productos entre tus seguidores en Instagram. Tu objetivo de interés podría ser el siguiente:
Objetivo: Aumentar la tasa de interacción en nuestras publicaciones en Instagram en un 25% en los próximos tres meses.

Cómo Lograrlo:

- Publicar tutoriales de maquillaje semanales que muestren cómo usar tus productos.
- Compartir historias inspiradoras de clientes satisfechos que han transformado su aspecto con tus productos.
- Ofrecer contenido educativo sobre cuidado de la piel y consejos de belleza que beneficien a tus seguidores.

Establecer un objetivo claro como este te ayudará a enfocar tus esfuerzos en crear contenido que atraiga el interés de tu audiencia. Además, podrás medir tu progreso a lo largo del tiempo y ajustar tu estrategia si es necesario para acercarte a tu objetivo.

En resumen, la etapa de Interés en el modelo AIDA es esencial para cultivar relaciones sólidas con tu audiencia en Instagram. Establecer objetivos claros te proporciona la dirección y el enfoque necesarios para crear contenido valioso y mantener a tus seguidores comprometidos e interesados en lo que tienes para ofrecer.

3. La Importancia de Establecer Objetivos Claros en la Etapa de Deseo del Modelo AIDA para Instagram

En la tercera etapa del modelo AIDA, el "Deseo", tu objetivo principal es despertar un fuerte deseo o anhelo en tu audiencia por lo que tienes para ofrecer. Esta etapa es crucial, ya que después de haber captado la atención y mantenido el interés, debes llevar a tus seguidores a un nivel más profundo de compromiso emocional. Establecer objetivos claros en esta etapa es esencial para guiar tus esfuerzos de marketing y lograr que tus seguidores no solo estén interesados en tu producto o servicio, sino que realmente lo deseen. A continuación, exploraremos la importancia de establecer objetivos claros en la etapa de Deseo y cómo hacerlo de manera efectiva en Instagram.

Por qué es Importante Establecer Objetivos Claros en la Etapa de Deseo

- Conversión Efectiva: El Deseo es la etapa en la que conviertes el interés de tus seguidores en una verdadera necesidad o deseo por tu producto o servicio. Establecer objetivos claros te ayuda a enfocar tus esfuerzos en crear contenido y estrategias que generen este deseo.

- Alineación con las Necesidades del Cliente: Al definir objetivos claros, te aseguras de que estás abordando las necesidades y deseos específicos de tu audiencia. Esto aumenta la relevancia de tu contenido y aumenta la probabilidad de conversión.

- Construcción de Marca: Establecer objetivos en la etapa de Deseo te permite reforzar la percepción de tu marca como una solución deseable para los problemas o deseos de tus seguidores. Esto contribuye a la construcción de una marca sólida y memorable.

Cómo Establecer Objetivos Claros en la Etapa de Deseo en Instagram

Comprende las Motivaciones de tu Audiencia: Antes de definir tus objetivos, es fundamental comprender por qué tu audiencia podría desear tu producto o servicio. ¿Qué problemas resuelve? ¿Qué beneficios ofrece? Esta comprensión te ayudará a establecer objetivos alineados con estas motivaciones.

Definir Objetivos Específicos de Deseo: Los objetivos deben ser específicos y orientados al Deseo. Pueden incluir aumentar la tasa de clics en enlaces de compra, incrementar la cantidad de comentarios expresando interés en el producto o aumentar la participación en sorteos y concursos.

Crea Contenido Persuasivo: Basa tus objetivos en la creación de contenido que refuerce el deseo de tu audiencia por tu producto o servicio. Esto podría incluir testimonios de clientes satisfechos, demostraciones de productos en acción o la presentación de ventajas exclusivas.

Establece Plazos para la Conversión: Define un marco de tiempo realista para alcanzar tus objetivos de Deseo. Esto te ayudará a medir el progreso y mantener el enfoque en esta etapa crucial del embudo.

Ejemplo de Establecimiento de Objetivos en la Etapa de Deseo en Instagram:

Supongamos que eres dueño de una tienda de fitness y deseas que tus seguidores en Instagram sientan un fuerte deseo de comprar tus productos, en este caso, una línea de equipos de ejercicio en casa. Tu objetivo de Deseo podría ser el siguiente:

Objetivo: Incrementar el número de seguidores que expresan interés en comprar nuestros equipos de ejercicio en un 15% en los próximos dos meses.

Cómo Lograrlo:

- Publicar testimonios de clientes que han experimentado transformaciones físicas significativas utilizando tus productos.
- Crear contenido que destaque los beneficios únicos de tus equipos en términos de eficacia y comodidad.

- Lanzar campañas de sorteos o concursos que fomenten la participación activa de tus seguidores.

Al establecer un objetivo claro como este, puedes dirigir tus esfuerzos hacia la creación de contenido persuasivo que aumente el deseo de tu audiencia por tus productos. Además, podrás medir el progreso y ajustar tu estrategia si es necesario para acercarte a tu objetivo.

En resumen, la etapa de Deseo en el modelo AIDA es fundamental para convertir el interés de tu audiencia en un deseo genuino por lo que tienes para ofrecer. Establecer objetivos claros te proporciona la dirección y el enfoque necesarios para crear contenido persuasivo y efectivo que conduzca a la conversión de seguidores en clientes comprometidos en Instagram.

4 La Importancia de Establecer Objetivos Claros en la Etapa de Acción del Modelo AIDA para Instagram

La cuarta y última etapa del modelo AIDA, la "Acción", es el momento culminante en el que quieres que tus seguidores en Instagram pasen a la acción, que puede ser la compra de tu producto, la suscripción a tu servicio o cualquier otra acción que consideres relevante para tu negocio. Establecer objetivos claros en esta etapa es de vital importancia, ya que es el paso final para convertir seguidores en clientes comprometidos. A continuación, exploraremos la importancia de establecer objetivos claros en la etapa de Acción y cómo hacerlo de manera efectiva en Instagram.

Por qué es Importante Establecer Objetivos Claros en la Etapa de Acción

Conversión Efectiva: La etapa de Acción es el momento en el que quieres que tus seguidores tomen medidas concretas.

Establecer objetivos claros te ayuda a guiar estos pasos de manera efectiva y a lograr conversiones exitosas.

Medición del Éxito: Los objetivos claros te permiten medir el éxito de tus esfuerzos de marketing en Instagram. Puedes evaluar cuántos seguidores han realizado la acción deseada y, en consecuencia, calcular el retorno de la inversión (ROI).

Alineación con el Negocio: Establecer objetivos de Acción significa que estás alineando tus esfuerzos de Instagram con los objetivos generales de tu negocio. Esto garantiza que cada acción en la plataforma esté diseñada para contribuir a los resultados finales.

Cómo Establecer Objetivos Claros en la Etapa de Acción en Instagram

Definir la Acción Deseada: Lo primero es identificar claramente la acción que deseas que tus seguidores realicen. Esto podría ser la compra de un producto, la suscripción a un boletín informativo, la descarga de una aplicación o cualquier otra acción específica.

Determinar una Métrica Medible: Establece una métrica que te permita medir el logro de tu objetivo. Por ejemplo, si deseas aumentar las ventas, la métrica podría ser el número de conversiones de compra.

Crear un Llamado a la Acción (CTA) Efectivo: Tu contenido en Instagram debe incluir un CTA claro y persuasivo que invite a tus seguidores a realizar la acción deseada. Utiliza lenguaje imperativo y específico.

Establecer Plazos: Define un marco de tiempo realista para alcanzar tus objetivos de Acción. Esto te ayudará a medir el progreso y mantener la atención en la conversión.

Ejemplo de Establecimiento de Objetivos en la Etapa de Acción en Instagram

Supongamos que eres dueño de una tienda en línea de productos de belleza y deseas aumentar las ventas de una nueva línea de productos de cuidado de la piel a través de tu perfil de Instagram. Tu objetivo de Acción podría ser el siguiente:

Objetivo: Aumentar las ventas de la nueva línea de cuidado de la piel en un 15% en el próximo mes a través de enlaces de compra en Instagram.

Cómo Lograrlo:

- Publicar contenido promocional de la nueva línea con descripciones detalladas y testimonios de clientes satisfechos.
- Incluir enlaces de compra directos en las publicaciones y en las historias destacadas.
- Ofrecer descuentos o promociones exclusivas para seguidores de Instagram.

Estableciendo un objetivo claro como este, puedes enfocar tus esfuerzos en la conversión de seguidores en clientes. Además, podrás medir el progreso y ajustar tu estrategia si es necesario para acercarte a tu objetivo.

En resumen, la etapa de Acción en el modelo AIDA es fundamental para convertir el interés y el deseo de tus seguidores en acciones concretas. Establecer objetivos claros te proporciona la dirección y el enfoque necesarios para guiar a tu audiencia hacia la acción deseada en Instagram y, en última instancia, convertir seguidores en clientes comprometidos.

Establecer objetivos claros es un paso crucial en la aplicación efectiva del Método AIDA en Instagram. Los objetivos proporcionan dirección y permiten una evaluación precisa del éxito de tus estrategias. Al observar ejemplos de empresas exitosas que han alineado sus objetivos con cada fase de AIDA en diferentes formatos de contenido, puedes obtener una comprensión sólida de cómo esta metodología puede conducir al logro de tus metas en Instagram. Recuerda que, independientemente de tus objetivos, la consistencia y la adaptabilidad son clave para el éxito continuo en esta plataforma en constante evolución.

Capítulo 2: Creando Contenido Atractivo en Instagram

2.1 Estrategias para Captar la Atención con Publicaciones y Reels en Instagram

Captar la atención en Instagram es esencial para destacar en medio de la competencia y atraer a tu audiencia. Aquí tienes estrategias detalladas para crear publicaciones y Reels que capturen la atención de tus seguidores, junto con ejemplos prácticos que cualquiera puede aplicar:

1. Utiliza Imágenes y Gráficos de Alta Calidad:
- Estrategia: Asegúrate de que tus imágenes y gráficos sean de alta resolución y visualmente atractivos. La calidad visual es clave para destacar en Instagram.
- Ejemplo Práctico: Si eres un restaurante, publica imágenes de platos deliciosos con una resolución nítida y colores vibrantes. Esto atraerá a los amantes de la comida.

2. Crea Titulares Llamativos:
- Estrategia: Acompaña tus imágenes con titulares o descripciones que generen curiosidad o intriga. El título es la primera cosa que la gente lee.
- Ejemplo Práctico: Si eres una tienda de moda, una imagen de un nuevo conjunto podría ir acompañada del título: "¿Quieres lucir elegante esta temporada? ¡Descubre nuestra colección de otoño!"

3. Utiliza Storytelling Efectivo:
- Estrategia: Cuéntales a tus seguidores una historia relevante. El storytelling genera interés y conecta emocionalmente con tu audiencia.

- Ejemplo Práctico: Si eres una marca de deportes al aire libre, publica una historia sobre un cliente que logró una hazaña en la montaña utilizando tu equipo.

4. Sorprende con Elementos Inusuales:

- Estrategia: Agrega elementos inusuales o inesperados a tus publicaciones para llamar la atención. La sorpresa captura la mirada.
- Ejemplo Práctico: Si eres una marca de juguetes, publica una imagen de un juguete en un lugar inusual o en una situación divertida.

5. Publica Contenido Interactivo:

- Estrategia: Invita a la interacción con preguntas, encuestas o desafíos. El contenido interactivo mantiene a la audiencia comprometida.
- Ejemplo Práctico: Si eres una tienda de café, publica una historia con dos opciones y pide a tus seguidores que voten por su bebida favorita.

6. Usa Elementos Visuales Impactantes en Reels:

- Estrategia: En los Reels, aprovecha al máximo los efectos visuales, la música y las transiciones. La creatividad visual atrae la atención.
- Ejemplo Práctico: Si eres un estudio de yoga, crea un Reel con una secuencia de poses fluidas acompañadas de música relajante para destacar en el feed.

7. Sé Consistente con Tu Estilo Visual:

- Estrategia: Mantén un estilo visual coherente en tus publicaciones y Reels para que los seguidores te reconozcan de inmediato.
- Ejemplo Práctico: Si eres un fotógrafo, utiliza un filtro o una paleta de colores específicos en todas tus imágenes para crear una identidad visual única.

8. Publica en el Momento Adecuado:

- Estrategia: Investiga cuándo tu audiencia está más activa en Instagram y programa tus publicaciones en consecuencia.
- Ejemplo Práctico: Si tienes una audiencia global, programa tus publicaciones para que se publiquen durante las horas óptimas en diferentes zonas horarias.

Recuerda que la creatividad y la originalidad son clave en Instagram. Si bien estas estrategias son efectivas, es importante adaptarlas a tu nicho y audiencia específicos para obtener los mejores resultados. Experimenta con diferentes enfoques y analiza las métricas para comprender lo que funciona mejor para tu marca en particular.

2.2 Cómo Lograr un Diseño Visual y Coherencia de Marca en Instagram

El diseño visual y la coherencia de marca son esenciales en Instagram para transmitir una imagen profesional y atractiva a tu audiencia. Aquí te explicaré en detalle cómo lograrlo, junto con ejemplos prácticos que cualquiera puede aplicar en su estrategia de Instagram:

1. Define Tu Estilo Visual:

- Estrategia: Antes de comenzar, define un estilo visual que sea único y coherente con tu marca. Decide los colores, las fuentes y los elementos visuales que usarás en todas tus publicaciones.

- Ejemplo Práctico: Si tienes una marca de ropa para niños, puedes optar por colores brillantes y lúdicos, fuentes amigables y elementos como dibujos animados o juguetes en tus imágenes.

2. Usa una Paleta de Colores Coherente:

- Estrategia: Utiliza una paleta de colores que represente a tu marca y aplícala consistentemente en todas tus imágenes y gráficos.
- Ejemplo Práctico: Si eres una marca de productos naturales, elige colores relacionados con la naturaleza, como verdes y marrones, y úsalos en tus publicaciones de manera coherente.

3. Mantén la Coherencia en los Filtros y Edición:

- Estrategia: Si aplicas filtros o efectos de edición a tus imágenes, utiliza los mismos o similares en todas tus publicaciones para crear una apariencia uniforme.
- Ejemplo Práctico: Si eres un fotógrafo, elige un filtro que realce tus fotos de la misma manera en cada imagen que compartas.

4. Crea Plantillas de Diseño:

- Estrategia: Diseña plantillas que puedas usar para tipos específicos de contenido, como citas inspiradoras, anuncios de

34

productos o publicaciones de eventos. Mantén elementos consistentes en estas plantillas.

- Ejemplo Práctico: Si eres un escritor, crea una plantilla para citas y utilízala para resaltar fragmentos de tus textos en todas tus publicaciones.

5. Logo y Marca de Agua:

- Estrategia: Incluye tu logo o una marca de agua en tus imágenes para reforzar la identidad de tu marca. Colócala de manera sutil pero reconocible.
- Ejemplo Práctico: Si eres un artista, coloca tu firma o logo en una esquina de tus ilustraciones antes de compartirlas en Instagram.

6. Consistencia en el Contenido:

- Estrategia: Asegúrate de que el contenido que compartes esté alineado con tu marca y estilo visual. Mantén una coherencia temática.
- Ejemplo Práctico: Si tienes una marca de productos para la salud, publica contenido relacionado con la nutrición, el ejercicio y el bienestar en general.

7. Programa con Anticipación:

- Estrategia: Planifica y programa tus publicaciones con anticipación para asegurarte de que el diseño visual y la coherencia de marca se mantengan con regularidad.
- Ejemplo Práctico: Utiliza herramientas de programación como Buffer o Hootsuite para planificar tus publicaciones semanales y mantener la coherencia.

8. Realiza Auditorías Regulares:

- Estrategia: Realiza auditorías periódicas de tu perfil de Instagram para asegurarte de que todas las publicaciones estén en línea con tu estilo visual y la coherencia de marca.
- Ejemplo Práctico: Cada mes, revisa tus últimas publicaciones y elimina o modifica aquellas que no se ajusten a tu diseño visual.

La coherencia de marca en Instagram ayuda a que tu perfil sea reconocible y confiable para tu audiencia. Mantén tu estilo visual en todas las publicaciones, Reels e historias para crear una experiencia cohesiva y memorable para tus seguidores. Recuerda que la coherencia de marca es un proceso continuo que requiere atención y ajustes constantes a medida que evoluciona tu negocio.

2.3 Cómo Hacer Storytelling Efectivo para Generar Interés en Instagram

El storytelling efectivo es una poderosa herramienta para atraer la atención de tu audiencia en Instagram y crear una conexión emocional con tus seguidores. Aquí te proporciono una guía detallada sobre cómo lograrlo, junto con ejemplos prácticos que cualquier persona puede aplicar en su estrategia de Instagram:

1. Identifica Tu Mensaje Central:
- Estrategia: Antes de comenzar, identifica el mensaje central que deseas transmitir a través de tu historia. ¿Qué quieres que tus seguidores sepan, sientan o hagan después de ver tu contenido?
- Ejemplo Práctico: Si eres una marca de moda sostenible, tu mensaje central podría ser la importancia de la moda consciente y su impacto en el medio ambiente.

2. Crea un Personaje o Protagonista:
- Estrategia: Introduce un personaje o protagonista en tu historia. Este personaje puede ser tú, un cliente satisfecho, un empleado o incluso un objeto, pero debe representar la historia que deseas contar.
- Ejemplo Práctico: Si eres un chef, tu personaje podría ser un amante de la comida que busca una experiencia culinaria única.

3. Establece un Escenario y Contexto:
- Estrategia: Describe el escenario en el que se desarrolla tu historia y proporciona contexto para que los seguidores comprendan la situación.
- Ejemplo Práctico: Si eres un viajero, establece el escenario como un destino exótico y el contexto como un viaje de aventura.

4. Presenta un Conflicto o Desafío:

- Estrategia: Introduce un conflicto o desafío que el personaje enfrenta en la historia. Esto crea tensión y mantiene el interés de la audiencia.
- Ejemplo Práctico: Si eres un entrenador personal, el conflicto podría ser un cliente que lucha por alcanzar sus objetivos de fitness.

5. Muestra la Transformación o Solución:

- Estrategia: Revela cómo el personaje supera el conflicto o desafío, o cómo encuentra una solución. Esta es la parte crucial de la historia.
- Ejemplo Práctico: Si eres una empresa de software, muestra cómo tu producto resuelve un problema específico para un cliente.

6. Agrega Elementos Emocionales:

- Estrategia: Incorpora emociones en tu historia para que los espectadores se sientan conectados. Utiliza descripciones vívidas y diálogos auténticos.
- Ejemplo Práctico: Si eres un autor, comparte anécdotas emocionales que inspiraron tu última obra.

7. Utiliza Multimedios de Manera Efectiva:

- Estrategia: Combina fotos, videos y texto de manera equilibrada para enriquecer tu historia. Aprovecha las características de Instagram, como las transiciones en las historias.
- Ejemplo Práctico: Si eres un fotógrafo de naturaleza, combina imágenes impresionantes con narrativa cautivadora en tus historias.

8. Cierre con una Llamada a la Acción (CTA):

- Estrategia: Al final de tu historia, incluye una CTA que invite a tus seguidores a realizar una acción específica, como seguirte, dar like o visitar tu sitio web.

- Ejemplo Práctico: Si eres un músico, finaliza tu historia con un CTA que invite a los seguidores a escuchar tu nueva canción en tu perfil.

9. Sé Consistente en Tu Narrativa:

- Estrategia: Mantén la coherencia en tu narrativa y estilo de storytelling a lo largo del tiempo para que tus seguidores se sientan familiarizados con tu marca.
- Ejemplo Práctico: Si eres una ONG, comparte historias continuas sobre los impactos positivos de tus proyectos.

Recuerda que el storytelling es una herramienta poderosa para crear una conexión emocional con tu audiencia. Practica y perfecciona tu habilidad de contar historias a lo largo del tiempo, y ajusta tu enfoque según las respuestas y la retroalimentación de tus seguidores en Instagram.

Capítulo 3: Generando Interacción con tu Audiencia

3.1 Cómo Fomentar la Interacción con Tus Publicaciones en Instagram

La interacción con tus publicaciones es crucial para el éxito en Instagram. Aquí tienes estrategias detalladas para fomentar la interacción con ejemplos prácticos que cualquier persona puede aplicar:

1. Publica Contenido Relevante y Valioso:
- Estrategia: Asegúrate de que tu contenido sea relevante para tu audiencia y aporte valor. Conoce a tu público y crea contenido que resuelva sus problemas o satisfaga sus intereses.
- Ejemplo Práctico: Si eres una marca de fitness, publica consejos de ejercicios en casa que ayuden a tus seguidores a mantenerse activos durante el confinamiento.

2. Haz Preguntas en Tus Leyendas:
- Estrategia: Invita a tus seguidores a participar haciendo preguntas en tus leyendas. Puedes pedir opiniones, sugerencias o consejos.
- Ejemplo Práctico: Si tienes un blog de viajes, publica una imagen de un destino y pregunta: "¿Cuál es tu lugar de viaje soñado? ¡Cuéntanos en los comentarios!"

3. Utiliza Encuestas en Tus Historias:
- Estrategia: Emplea la función de encuestas en tus historias para que tus seguidores voten y den su opinión sobre temas relevantes para tu marca.

- Ejemplo Práctico: Si eres un restaurante, muestra dos platos del menú y pregunta: "¿Qué plato te gustaría probar esta noche?"

4. Incentiva Comentarios con Concursos:

- Estrategia: Organiza concursos en los que los seguidores deban comentar en tus publicaciones para participar. Ofrece premios atractivos.
- Ejemplo Práctico: Si eres una tienda de moda, anuncia un concurso en el que los participantes comenten con su outfit favorito para ganar una tarjeta de regalo.

5. Usa Hashtags Relevantes:

- Estrategia: Utiliza hashtags relevantes y populares en tus publicaciones para aumentar la visibilidad y la posibilidad de que nuevos seguidores se unan a tu comunidad.
- Ejemplo Práctico: Si eres un fotógrafo de paisajes, usa hashtags como #Viajes, #Naturaleza y #Aventuras en tus fotos de paisajes.

6. Responde a los Comentarios de Manera Activa:

- Estrategia: Responde a todos los comentarios en tus publicaciones de manera activa y auténtica. Fomenta conversaciones significativas.
- Ejemplo Práctico: Si alguien comenta en tu publicación de comida: "¡Se ve delicioso!", responde con gratitud y agrega detalles sobre el plato.

7. Colabora con Influencers o Colaboradores:

- Estrategia: Colabora con influencers o socios relevantes en tu nicho para aumentar la interacción. Sus seguidores también pueden participar en tus publicaciones.
- Ejemplo Práctico: Si eres una marca de belleza, colabora con un influencer de maquillaje y organiza un sorteo conjunto que requiera comentarios y seguimientos.

8. Publica Contenido de Usuario:

- **Estrategia:** Comparte contenido generado por usuarios que mencione o muestre tus productos. Esto motiva a otros a hacer lo mismo.
- **Ejemplo Práctico:** Si eres una marca de ropa, comparte fotos de tus clientes luciendo tus prendas y etiquétalos para que puedan interactuar en sus propias fotos.

9. Sé Consistente con Tus Publicaciones:

- **Estrategia:** Publica con regularidad y mantén una frecuencia constante para que tus seguidores sepan cuándo esperar tu contenido.
- **Ejemplo Práctico:** Si eres un bloguero de viajes, publica una foto de tus viajes cada miércoles como parte de tu serie "Miércoles Viajeros".

Recuerda que la autenticidad y la atención a tu audiencia son clave para fomentar la interacción en Instagram. Adaptando estas estrategias a tu nicho y audiencia específicos, podrás construir una comunidad comprometida en esta plataforma social.

3.2 Estrategias de participación en historias de Instagram.

Las historias de Instagram son una excelente forma de interactuar con tu audiencia de manera rápida y efectiva. Aquí tienes estrategias detalladas con ejemplos prácticos para aumentar la participación en tus historias:

1. Encuestas Interactivas:

- **Estrategia:** Utiliza la función de encuestas para hacer preguntas a tu audiencia. Esto les permite participar activamente y votar en tus historias.
- **Ejemplo Práctico:** Si eres una tienda de moda, muestra dos opciones de conjuntos y pregunta: "¿Cuál te gusta más: A o B?".

2. Preguntas y Respuestas (Q&A):

- Estrategia: Anima a tus seguidores a hacer preguntas y luego responde a algunas de ellas en tus historias. Esto fomenta la interacción y brinda información valiosa.
- Ejemplo Práctico: Si eres un entrenador personal, invita a tus seguidores a preguntar sobre ejercicios o consejos de alimentación saludable.

3. Encuestas de Opinión:

- Estrategia: Pide la opinión de tus seguidores sobre temas relevantes para tu marca o industria. Esto les hace sentirse valorados y parte de la comunidad.
- Ejemplo Práctico: Si tienes una marca de productos de belleza, pregunta: "¿Cuál es tu producto de maquillaje imprescindible?"

4. Desafíos y Tendencias:

- Estrategia: Únete a desafíos y tendencias populares de Instagram y anima a tus seguidores a participar. Esto te ayuda a mantenerte relevante y conectado con la comunidad.
- Ejemplo Práctico: Si eres una marca de alimentos saludables, participa en el desafío #RecetaSaludable e invita a tus seguidores a compartir sus propias recetas.

5. Detrás de Escena (Behind-the-Scenes):

- Estrategia: Muestra lo que sucede detrás de escena en tu negocio o vida personal. Esto crea una conexión genuina con tus seguidores.
- Ejemplo Práctico: Si eres un fotógrafo, comparte una historia detrás de escena de una sesión de fotos para mostrar tu proceso creativo.

6. Tutoriales y Consejos Breves:

- Estrategia: Comparte consejos o mini tutoriales en tus historias. Aporta valor a tu audiencia y fomenta la interacción.
- Ejemplo Práctico: Si eres un diseñador gráfico, muestra cómo crear un gráfico simple utilizando una aplicación y pide a tus seguidores que lo intenten también.

7. Comparte Testimonios y Reseñas:

- Estrategia: Publica testimonios de clientes satisfechos o resúmenes de reseñas positivas. Esto genera confianza en tu marca y alienta a otros a interactuar.
- Ejemplo Práctico: Si eres una agencia de viajes, comparte una historia con el testimonio de un cliente que tuvo una experiencia increíble en su último viaje.

8. Reto Semanal o Mensual:

- Estrategia: Crea un reto semanal o mensual para tus seguidores y anímales a participar. Esto puede ser un desafío de fitness, un reto creativo o cualquier otro relacionado con tu nicho.
- Ejemplo Práctico: Si eres un escritor, organiza un reto de escritura de 30 días en el que los participantes escriban una pequeña historia cada día.

9. Muestra Productos o Servicios en Acción:

- Estrategia: Muestra tus productos o servicios en uso. Esto ayuda a los seguidores a visualizar cómo pueden beneficiarse de ellos.
- Ejemplo Práctico: Si tienes una marca de equipos de camping, muestra a alguien armando una tienda de campaña en una historia para demostrar su facilidad de uso.

Recuerda interactuar activamente con los comentarios y mensajes que recibas en tus historias. La participación no solo se trata de publicar contenido atractivo, sino también de involucrarte con tu audiencia de manera auténtica. Experimenta con estas estrategias y adapta las que mejor funcionen para tu marca y audiencia específicas.

3.3 Uso de encuestas, preguntas y desafíos para involucrar a los seguidores.

Las encuestas, preguntas y desafíos son herramientas efectivas para fomentar la interacción y el compromiso con tus seguidores en Instagram. Aquí tienes estrategias detalladas y ejemplos prácticos que cualquier persona puede aplicar:

1. Encuestas Interactivas:

- Estrategia: Utiliza la función de encuestas en tus historias para hacer preguntas a tus seguidores. Esto les permite participar activamente y votar en tus historias.
- Ejemplo Práctico: Si tienes una tienda de ropa, muestra dos opciones de vestimenta y pregunta: "¿Qué outfit te gusta más: A o B?"

2. Preguntas Abiertas:

- Estrategia: Utiliza la función de preguntas en tus historias para permitir que tus seguidores te hagan preguntas. Responde de manera auténtica y completa.
- Ejemplo Práctico: Si eres un entrenador de fitness, invita a tus seguidores a hacer preguntas sobre ejercicios o nutrición y luego responde con consejos útiles.

3. Desafíos Creativos:

- Estrategia: Crea desafíos creativos relacionados con tu nicho y anima a tus seguidores a participar. Los desafíos pueden incluir fotografía, arte, cocina, o cualquier tema que sea relevante para tu audiencia.
- Ejemplo Práctico: Si eres un amante de la cocina, inicia un desafío de "Recetas Saludables" en el que los seguidores compartan sus platos y etiqueten tus historias.

4. Desafíos de Conocimiento:

- Estrategia: Plantea desafíos de conocimiento relacionados con tu industria o pasatiempo. Esto fomenta la participación y el aprendizaje.

- Ejemplo Práctico: Si eres un bloguero de viajes, organiza un desafío de "Adivina el Destino" en el que los seguidores deben adivinar el lugar basándose en pistas visuales.

5. Preguntas de Opinión:

- Estrategia: Pide la opinión de tus seguidores sobre temas relevantes. Esto les hace sentir valorados y parte de la comunidad.
- Ejemplo Práctico: Si tienes un blog de moda, pregunta: "¿Cuál es la tendencia de moda que más te gusta para esta temporada?"

6. Encuestas de Producto o Servicio:

- Estrategia: Utiliza encuestas para obtener retroalimentación sobre productos o servicios. Esto no solo involucra a tus seguidores, sino que también te proporciona información valiosa.
- Ejemplo Práctico: Si eres una empresa de tecnología, muestra dos prototipos de un nuevo producto y pregunta: "¿Cuál prefieres?"

7. Desafíos de Historias Continuas:

- Estrategia: Crea historias continuas que formen un desafío a lo largo de varios días. Esto mantiene el compromiso de tus seguidores durante un período más largo.
- Ejemplo Práctico: Si eres un escritor, inicia un desafío de escritura en el que compartes una palabra o tema cada día y alientas a los seguidores a crear una historia corta relacionada.

8. Reconocimiento a los Seguidores:

- Estrategia: Usa preguntas y encuestas para reconocer y destacar a tus seguidores. Esto les motiva a participar más.
- Ejemplo Práctico: Si tienes una página de arte, realiza una encuesta para elegir la "Obra del Seguidor del Mes" y comparte la creación ganadora.

9. Premios y Reconocimientos:

- Estrategia: Ofrece premios o reconocimientos a los seguidores que participen activamente en tus encuestas, preguntas o desafíos. Esto aumenta la motivación para involucrarse.
- Ejemplo Práctico: Si eres un amante de los libros, organiza un desafío de lectura y ofrece un premio al seguidor que lea la mayor cantidad de libros en un mes.

Recuerda siempre agradecer a tus seguidores por su participación y mantener la interacción auténtica y divertida. Estas estrategias no solo impulsan la participación, sino que también fortalecen la relación con tu audiencia en Instagram.

Capítulo 4: Despertando el Deseo por tu Producto o Servicio

4.1 Testimonios y pruebas sociales en Instagram.

Los testimonios y pruebas sociales son herramientas poderosas para generar confianza y credibilidad en Instagram. Aquí tienes estrategias detalladas y ejemplos prácticos que cualquier persona puede aplicar:

1. Publica Testimonios Auténticos:

- Estrategia: Comparte testimonios reales de clientes satisfechos. Pídeles permiso para utilizar sus comentarios y fotos, si es posible.
- Ejemplo Práctico: Si tienes un negocio de maquillaje, publica una imagen de un cliente feliz con una leyenda que destaque su experiencia positiva.

2. Comparte Capturas de Pantalla de Comentarios:

- Estrategia: Toma capturas de pantalla de comentarios positivos que recibas en tus publicaciones y compártelos en tus historias o en tu feed.
- Ejemplo Práctico: Si eres un coach de vida, muestra un comentario que diga: "Tu consejo cambió mi vida. ¡Gracias!".

3. Resalta Reseñas de Terceros:

- Estrategia: Si recibes reseñas positivas en sitios web o plataformas externas, destácalas en tus historias o en tu perfil de Instagram.
- Ejemplo Práctico: Si tienes un restaurante, comparte una reseña de un blog de alimentos que elogia tu comida y ambiente.

4. Usa el Destacado de Historias para Testimonios:

- Estrategia: Crea un destacado específico en tu perfil de Instagram para testimonios y comparte historias destacadas de clientes felices.
- Ejemplo Práctico: Si eres un entrenador personal, crea un destacado llamado "Historias de Éxito" y comparte las transformaciones de tus clientes.

5. Publica Fotos de Clientes con tus Productos:

- Estrategia: Invita a tus clientes a compartir fotos utilizando tus productos o servicios y etiquétalos en tus publicaciones.
- Ejemplo Práctico: Si vendes ropa, comparte fotos de clientes luciendo tus prendas con un pie de foto que incluya su experiencia.

6. Muestra Números Impresionantes:

- Estrategia: Si tienes logros notables, como miles de clientes satisfechos o un alto porcentaje de satisfacción, comparte estas estadísticas.
- Ejemplo Práctico: Si tienes una aplicación de salud, publica una imagen que destaque "Más de 100,000 usuarios han mejorado su salud con nosotros".

7. Destaca Colaboraciones con Influencers:

- Estrategia: Si has colaborado con influencers o figuras de renombre en tu industria, comparte contenido generado por ellos que destaque tu marca.
- Ejemplo Práctico: Si eres una marca de belleza, muestra una foto de un influencer que utiliza tus productos con entusiasmo.

8. Realiza Entrevistas en Vivo con Clientes:

- Estrategia: Organiza entrevistas en vivo con clientes satisfechos. Permíteles compartir sus experiencias en tiempo real y responder preguntas.
- Ejemplo Práctico: Si eres un entrenador de negocios, realiza una entrevista en vivo con un cliente que haya logrado un gran éxito gracias a tus servicios.

9. Ofrece Descuentos o Regalos a Cambio de Testimonios:

- Estrategia: Motiva a los clientes a proporcionar testimonios ofreciendo descuentos o regalos exclusivos a cambio.
- Ejemplo Práctico: Si tienes una tienda en línea, ofrece un 10% de descuento en la próxima compra a aquellos que compartan un testimonio en video.

10. Crea Historias de Éxito en Formato de Carrusel:

- Estrategia: Crea carruseles de imágenes que cuenten historias de éxito de tus clientes. Utiliza imágenes antes y después, datos impresionantes y testimonios.
- Ejemplo Práctico: Si ofreces servicios de diseño de interiores, muestra una historia de éxito en formato de carrusel con fotos del antes y después.

Recuerda siempre obtener el permiso de tus clientes para compartir sus testimonios y respetar su privacidad. Los testimonios y pruebas sociales auténticas pueden tener un impacto significativo en la construcción de la confianza de tus seguidores y en la conversión de nuevos clientes en Instagram.

4.2 Estrategias de contenido para destacar los beneficios.

En la etapa de deseo del modelo AIDA, es crucial destacar los beneficios de tu producto o servicio para que los seguidores se sientan atraídos y deseen adquirirlo. Aquí te presento estrategias detalladas y ejemplos prácticos para resaltar los beneficios en tus publicaciones de Instagram:

1. Publica Imágenes de Alta Calidad:

- Estrategia: Utiliza imágenes de alta resolución que muestren tu producto o servicio en acción. Asegúrate de que las imágenes sean visualmente atractivas y reflejen los beneficios.

- Ejemplo Práctico: Si vendes ropa deportiva, publica imágenes de modelos en pleno ejercicio, resaltando la comodidad y el rendimiento de las prendas.

2. Descripciones Persuasivas:
- Estrategia: Escribe descripciones persuasivas que destaquen cómo tu producto o servicio puede mejorar la vida o resolver problemas de tus seguidores.
- Ejemplo Práctico: Si ofreces un servicio de limpieza a domicilio, describe cómo tus clientes pueden disfrutar de un hogar limpio y sin preocupaciones.

3. Testimonios y Reseñas:
- Estrategia: Comparte testimonios y reseñas de clientes satisfechos que destaquen los beneficios reales de tu producto o servicio.
- Ejemplo Práctico: Publica una cita de un cliente que elogia cómo tu producto resolvió un problema específico que tenían.

4. Antes y Después:
- Estrategia: Muestra imágenes del "antes" y "después" para resaltar la transformación que tu producto o servicio proporciona.
- Ejemplo Práctico: Si vendes productos para el cuidado de la piel, publica una imagen que muestre la mejora visible en la piel de un cliente.

5. Características Clave:
- Estrategia: Destaca las características clave de tu producto o servicio y explícales cómo benefician a los seguidores.
- Ejemplo Práctico: Si vendes una aplicación de fitness, resalta las características como seguimiento de progreso, rutinas personalizadas y consejos de salud.

6. Uso en la Vida Real:
- Estrategia: Muestra cómo tu producto o servicio se integra en la vida cotidiana de tus seguidores.

- Ejemplo Práctico: Si vendes muebles, publica imágenes de tus muebles en hogares reales, mostrando cómo mejoran el ambiente.

7. Comparaciones Beneficiosas:

- Estrategia: Realiza comparaciones con otros productos o servicios en el mercado y resalta por qué el tuyo es superior.
- Ejemplo Práctico: Si ofreces un servicio de entrega de alimentos, compara la calidad y la variedad de tus platos con la competencia.

8. Tutoriales y Demostraciones:

- Estrategia: Crea tutoriales o videos de demostración que muestren cómo usar tu producto o aprovechar tu servicio para obtener los mejores beneficios.
- Ejemplo Práctico: Si vendes equipos de cocina, realiza un video tutorial sobre cómo usarlos para preparar comidas saludables.

9. Contenido Educativo:

- Estrategia: Publica contenido educativo que explique cómo tus productos o servicios pueden solucionar problemas específicos o mejorar la calidad de vida.
- Ejemplo Práctico: Si ofreces servicios de consultoría financiera, crea publicaciones que expliquen cómo ahorrar dinero de manera efectiva.

10. Historias de Éxito:

- Estrategia: Comparte historias de éxito de clientes que hayan experimentado beneficios significativos gracias a tu producto o servicio.
- Ejemplo Práctico: Publica una historia de un cliente que haya perdido peso y mejorado su salud utilizando tu programa de fitness.

Recuerda que en Instagram, la narración visual es esencial. Combina imágenes atractivas con descripciones persuasivas para comunicar eficazmente los beneficios de tu producto o servicio. Al hacerlo, motivarás a tus seguidores a desear lo que ofreces y darán el siguiente paso hacia la acción.

4.3 Uso de historias para mostrar la propuesta de valor.

La etapa de deseo en el modelo AIDA es crucial para convencer a tus seguidores de que tu producto o servicio es la mejor opción. Aquí te presento estrategias detalladas y ejemplos prácticos para mostrar tu propuesta de valor en Instagram:

1. Historias de Transformación:

- Estrategia: Muestra cómo tu producto o servicio puede transformar la vida de los usuarios. Resalta antes y después, cambios positivos y resultados notables.
- Ejemplo Práctico: Si vendes productos para el cuidado del cabello, comparte historias de clientes con cabello dañado que ahora luce saludable y brillante gracias a tu producto.

2. Testimonios Visuales:

- Estrategia: Publica testimonios visuales en formato de carrusel que incluyan imágenes, videos o diapositivas que destaquen los beneficios y resultados de tu oferta.
- Ejemplo Práctico: Si ofreces un servicio de entrenamiento personal, crea un carrusel que muestre fotos de clientes en forma y satisfechos.

3. Historias de Uso en la Vida Cotidiana:

- Estrategia: Muestra cómo las personas pueden incorporar tu producto o servicio en su vida diaria. Hazlo auténtico y relevante para tu audiencia.
- Ejemplo Práctico: Si vendes ropa de moda, comparte historias de personas comunes que usan tus prendas en situaciones cotidianas, como paseos por la ciudad o reuniones con amigos.

4. Escasez y Ofertas Limitadas:

- Estrategia: Utiliza historias para anunciar ofertas exclusivas o productos de edición limitada que generen un sentido de urgencia en tus seguidores.

- Ejemplo Práctico: Publica una historia que anuncie "¡Solo 24 horas para obtener un 20% de descuento en nuestra nueva colección!".

5. Detalles y Características Clave:

- Estrategia: Dedica historias a resaltar los detalles y características clave de tu producto o servicio que lo hacen único y valioso.
- Ejemplo Práctico: Si vendes cámaras fotográficas, comparte historias que expliquen las características de alta resolución, la estabilización de imagen y la versatilidad de tus cámaras.

6. Comparaciones:

- Estrategia: Utiliza historias para comparar tu producto o servicio con la competencia, destacando las razones por las que es superior.
- Ejemplo Práctico: Si ofreces un software de edición de fotos, crea una historia que compare las herramientas y resultados de tu software con otros disponibles en el mercado.

7. Historias de Proceso de Fabricación o Creación:

- Estrategia: Si fabricas tus productos o tienes un proceso de creación especial, comparte historias que muestren cómo se hacen tus productos.
- Ejemplo Práctico: Si eres un artesano de joyas, crea historias que muestren las etapas de diseño y producción de una pieza única.

8. Contenido Generado por el Usuario:

- Estrategia: Anima a tus seguidores a compartir sus propias historias usando tu producto o servicio. Responde compartiendo estas historias en tu perfil.
- Ejemplo Práctico: Si tienes una marca de viajes, pide a tus seguidores que compartan historias de sus aventuras utilizando tu equipo de viaje y etiquétalos en tus publicaciones.

9. Videos de Demostración en Uso Real:

- Estrategia: Publica videos breves que muestren cómo se utiliza tu producto o servicio en situaciones reales. Hazlo de manera práctica y efectiva.
- Ejemplo Práctico: Si ofreces una aplicación de ejercicios, comparte un video corto que muestre a alguien realizando un entrenamiento en casa usando tu aplicación.

10. Historias Interactivas:

- Estrategia: Crea historias interactivas que permitan a los seguidores explorar los beneficios de tu producto o servicio a través de encuestas, preguntas o desafíos.
- Ejemplo Práctico: Si tienes una tienda de electrónicos, crea una historia que pregunte a los seguidores cuál es su gadget favorito y por qué.

Recuerda que en esta etapa, es fundamental comunicar por qué tu producto o servicio es único y cómo puede mejorar la vida de tus seguidores. Las historias en Instagram son una excelente manera de hacerlo de manera visual y atractiva.

Capítulo 5: Llevando a la Acción: Cómo Convertir Seguidores en Clientes

5.1 Estrategias de llamada a la acción efectivas en publicaciones y Reels.

En la etapa de acción del modelo AIDA, el objetivo es convertir a tus seguidores en clientes o leads. Aquí te presento estrategias detalladas y ejemplos prácticos para implementar llamadas a la acción efectivas en Instagram:

1. Compra Ahora:
- Estrategia: Haz que la acción sea clara y directa. Invita a tus seguidores a realizar una compra inmediata.
- Ejemplo Práctico (Publicación): Publica una imagen de tu producto con el texto "¡Obtén el tuyo ahora mismo! Haz clic en el enlace de nuestra bio."
- Ejemplo Práctico (Reels): Crea un Reel breve que muestre tus productos y agrega un texto que diga "Desliza hacia arriba para comprar".

2. Descarga Nuestra Guía:
- Estrategia: Ofrece contenido de valor, como un ebook o una guía, y pide a los seguidores que lo descarguen.
- Ejemplo Práctico (Publicación): Publica una imagen de la portada de tu guía y agrega el texto "Descarga nuestra guía gratuita desde el enlace de nuestra bio".
- Ejemplo Práctico (Reels): Crea un Reel que muestre rápidamente el contenido de la guía y anima a los espectadores a descargarla.

3. Regístrate para un Webinar:

- Estrategia: Promociona un webinar o evento en línea y solicita a los seguidores que se registren.
- Ejemplo Práctico (Publicación): Comparte una imagen promocional del webinar con un enlace de registro en la descripción.
- Ejemplo Práctico (Reels): Crea un Reel breve que destaque los temas clave del webinar y finaliza con una llamada a la acción para registrarse.

4. Suscríbete a Nuestro Boletín:

- Estrategia: Fomenta la suscripción a tu boletín informativo para mantener a los seguidores actualizados sobre novedades y ofertas.
- Ejemplo Práctico (Publicación): Publica una imagen que destaque los beneficios de suscribirse y agrega un enlace a tu formulario de suscripción en la bio.
- Ejemplo Práctico (Reels): Crea un Reel informativo sobre qué tipo de contenido recibirán los suscriptores y cómo pueden suscribirse.

5. Programa una Consulta:

- Estrategia: Si ofreces servicios, invita a los seguidores a programar una consulta o sesión informativa.
- Ejemplo Práctico (Publicación): Publica una imagen que promueva una consulta gratuita y proporciona un enlace directo para programarla.
- Ejemplo Práctico (Reels): Crea un Reel que presente brevemente los beneficios de la consulta y concluye con una llamada a la acción para programarla.

6. Únete a Nuestra Comunidad:

- Estrategia: Fomenta la participación en tu comunidad o grupo en línea, donde los seguidores pueden interactuar y obtener contenido exclusivo.

- Ejemplo Práctico (Publicación): Publica una imagen que promueva la comunidad y comparte un enlace para unirse en la bio.
- Ejemplo Práctico (Reels): Crea un Reel que muestre momentos destacados de la comunidad y anime a los seguidores a unirse.

7. Solicita una Cotización:

- Estrategia: Si ofreces servicios personalizados, invita a los seguidores a solicitar una cotización.
- Ejemplo Práctico (Publicación): Publica una imagen que destaque los servicios y agrega una llamada a la acción para solicitar una cotización personalizada.
- Ejemplo Práctico (Reels): Crea un Reel que muestre ejemplos de proyectos anteriores y concluye con una invitación a solicitar una cotización.

8. Participa en un Sorteo:

- Estrategia: Organiza un sorteo y pide a los seguidores que participen, generalmente solicitando seguir tu perfil, dar like y etiquetar a amigos.
- Ejemplo Práctico (Publicación): Publica una imagen promocional del sorteo con las reglas de participación en la descripción.
- Ejemplo Práctico (Reels): Crea un Reel que muestre los premios del sorteo y explique cómo participar.

9. Comparte Tu Experiencia:

- Estrategia: Anima a los seguidores a compartir sus experiencias utilizando tu producto o servicio, creando así contenido generado por el usuario.
- Ejemplo Práctico (Publicación): Publica una imagen que destaque una experiencia del cliente y pide a otros que compartan las suyas en los comentarios.
- Ejemplo Práctico (Reels): Crea un Reel que muestre una compilación de testimonios de clientes satisfechos.

10. Realiza una Compra de Prueba:
- Estrategia: Ofrece una versión de prueba o un producto de bajo costo para que los seguidores puedan probar antes de comprometerse con una compra completa.
- Ejemplo Práctico (Publicación): Publica una imagen del producto de prueba con un enlace para comprarlo directamente.
- Ejemplo Práctico (Reels): Crea un Reel que muestre cómo se utiliza el producto de prueba y termínalo con una llamada a la acción para comprarlo.

Recuerda que una llamada a la acción efectiva debe ser clara, específica y fácil de seguir. Además, es importante proporcionar un incentivo para que los seguidores actúen de inmediato, ya sea a través de descuentos, contenido exclusivo o la promesa de resolver un problema.

5.2 Fomentando el tráfico hacia tu sitio web o tienda en línea.

En la etapa de acción del modelo AIDA, el objetivo es guiar a tus seguidores hacia tu sitio web o tienda en línea para que realicen una compra o tomen alguna acción deseada. Aquí te presento estrategias detalladas y ejemplos prácticos para aumentar el tráfico hacia tu sitio web desde Instagram:

1. Enlace en la Bio:
- Estrategia: Utiliza el enlace en tu biografía para dirigir a los seguidores a tu sitio web. Cambia este enlace periódicamente para promocionar diferentes páginas o productos.
- Ejemplo Práctico: Si tienes una tienda en línea, puedes destacar una oferta especial y agregar el enlace directo a esa oferta en tu bio.

2. Deslizar Hacia Arriba en Historias:

- Estrategia: Si tienes más de 10,000 seguidores o una cuenta verificada, puedes utilizar la función "Deslizar hacia arriba" en tus Historias para enlazar directamente a una página web.
- Ejemplo Práctico: Publica una historia que promocione un artículo nuevo en tu blog y usa la función "Deslizar hacia arriba" para enlazarlo.

3. Publicaciones con Enlace:

- Estrategia: Publica imágenes o carruseles de productos y agrega enlaces a las páginas correspondientes en la descripción.
- Ejemplo Práctico: Si vendes ropa, publica una imagen de un atuendo y agrega el enlace directo a la página de compra en la descripción.

4. Anuncios de Instagram:

- Estrategia: Utiliza los anuncios de Instagram para dirigir tráfico a tu sitio web. Puedes segmentar tu audiencia y medir la efectividad de tus anuncios.
- Ejemplo Práctico: Crea un anuncio que muestre un producto destacado y ofrezca un descuento exclusivo para quienes visiten tu sitio web.

5. Sorteos y Concursos:

- Estrategia: Organiza sorteos o concursos en Instagram y utiliza la participación como una forma de dirigir a los usuarios a tu sitio web.
- Ejemplo Práctico: Anuncia un sorteo en el que los participantes deben visitar tu sitio web y completar un formulario para entrar en el concurso.

6. Publica Contenido Exclusivo:

- Estrategia: Promete contenido exclusivo o descargas gratuitas en tu sitio web y anuncia estas ofertas en tus publicaciones de Instagram.

- Ejemplo Práctico: Publica una imagen que muestre un adelanto de un libro electrónico gratuito y agrega un enlace a la descarga en tu sitio web.

7. Historias de Producto:
- Estrategia: Utiliza Historias para destacar productos o servicios y anima a los seguidores a "Descubrir Más" o "Comprar Ahora" en tu sitio web.
- Ejemplo Práctico: Crea una historia que muestre un nuevo producto y agrega un enlace "Comprar Ahora" que lleve directamente a la página de compra.

8. Publica Contenido Educativo:
- Estrategia: Comparte contenido educativo en tus publicaciones de Instagram y dirige a los seguidores a tu sitio web para obtener más información.
- Ejemplo Práctico: Publica una infografía que resuma los beneficios de tus servicios y agrega un enlace a una página de detalles en tu sitio web.

9. Ofertas y Descuentos Exclusivos:
- Estrategia: Promociona ofertas y descuentos exclusivos que solo se pueden obtener en tu sitio web.
- Ejemplo Práctico: Publica una imagen que anuncie un descuento del 20% en todos los productos y agrega un enlace a la página de compra en tu sitio web.

10. Colaboraciones con Influencers:
- Estrategia: Colabora con influencers para promocionar tus productos o servicios y asegúrate de que incluyan enlaces a tu sitio web en sus publicaciones.
- Ejemplo Práctico: Un influencer de moda publica una foto usando tus productos y agrega un enlace a tu tienda en la descripción.

Recuerda que es importante medir el tráfico y la conversión desde Instagram a tu sitio web utilizando herramientas de análisis. Ajusta tus

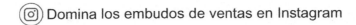

estrategias según los resultados y continúa optimizando para aumentar la efectividad de tu canal de Instagram como generador de tráfico web.

5.3 El papel clave de los Mensajes Directos en la conversión.

Los mensajes directos en Instagram desempeñan un papel crucial en la etapa de acción del modelo AIDA. Permiten una comunicación personalizada y directa con tus seguidores, lo que puede aumentar significativamente las conversiones. Aquí tienes estrategias detalladas y ejemplos prácticos para aprovechar al máximo los mensajes directos en la conversión:

1. Respuesta Rápida a Consultas:
- Estrategia: Responde rápidamente a las preguntas de los seguidores sobre tus productos o servicios. Ofrece información detallada y resuelve sus dudas.
- Ejemplo Práctico: Un seguidor pregunta sobre las características de un producto. Responde de inmediato proporcionando una descripción completa y un enlace directo para comprarlo.

2. Ofertas Personalizadas:
- Estrategia: Utiliza mensajes directos para enviar ofertas exclusivas o descuentos personalizados a seguidores interesados en tus productos.
- Ejemplo Práctico: Identifica a seguidores que han mostrado interés en un producto en particular y envíales un mensaje con un código de descuento especial.

3. Follow-Up Después de Compras:
- Estrategia: Después de que un seguidor realice una compra, envía un mensaje de seguimiento agradeciéndoles y ofreciendo asistencia adicional si es necesario.
- Ejemplo Práctico: Un cliente compra un producto y, unos días después, recibe un mensaje preguntando si está satisfecho y si necesita ayuda con algo más.

4. Recolección de Opiniones y Reseñas:

- Estrategia: Pide a los clientes satisfechos que dejen una reseña o testimonio sobre su experiencia y producto a través de mensajes directos.
- Ejemplo Práctico: Después de que un cliente haya utilizado tu producto durante un tiempo, envíale un mensaje solicitando una reseña y proporcionando un enlace directo para hacerlo.

5. Encuestas de Satisfacción:

- Estrategia: Realiza encuestas de satisfacción a través de mensajes directos para recopilar comentarios valiosos y mejorar tu servicio.
- Ejemplo Práctico: Envía una encuesta breve a los clientes después de una compra para preguntar sobre su experiencia y cómo puedes mejorar.

6. Recordatorio de Carrito Abandonado:

- Estrategia: Si un seguidor agrega productos a su carrito de compras en tu sitio web pero no completa la compra, envía un mensaje recordatorio con un enlace directo al carrito.
- Ejemplo Práctico: Un cliente agrega productos a su carrito pero no completa la compra. Recibe un mensaje que dice: "¡Hola! ¿Olvidaste algo? Tu carrito aún tiene artículos esperando por ti."

7. Comunicación Postventa:

- Estrategia: Mantén la comunicación con los clientes después de la compra para informarles sobre actualizaciones, nuevos productos o eventos relevantes.
- Ejemplo Práctico: Después de una compra, un cliente recibe mensajes periódicos que destacan productos relacionados y eventos especiales.

8. Programación de Citas y Consultas:

- Estrategia: Si ofreces servicios, permite que los seguidores programen citas o consultas a través de mensajes directos.

- Ejemplo Práctico: Un seguidor interesado en tus servicios envía un mensaje solicitando una consulta y tú coordinas la cita directamente.

9. Invitaciones a Eventos:

- Estrategia: Invita a tus seguidores a eventos o webinars a través de mensajes directos, proporcionando detalles y enlaces de registro.
- Ejemplo Práctico: Organizas un webinar y envías mensajes directos a tus seguidores con una invitación personalizada y un enlace de registro.

10. Ofrece Soporte Técnico y Atención al Cliente:

- Estrategia: Proporciona soporte técnico y atención al cliente a través de mensajes directos para resolver problemas y brindar una experiencia excepcional.
- Ejemplo Práctico: Un cliente tiene dificultades para configurar un producto. A través de mensajes directos, proporcionas instrucciones detalladas para ayudarlo.

Recuerda que la clave en los mensajes directos es mantener una comunicación genuina, proporcionar valor y ser receptivo a las necesidades de tus seguidores. Al personalizar tus mensajes y brindar un servicio excepcional, puedes convertir seguidores en clientes satisfechos y leales.

Capítulo 6: Automatización y Seguimiento

6.1 Herramientas de automatización de Instagram para mantener el compromiso.

La automatización en Instagram puede ser una estrategia eficaz para mantener el compromiso de tu audiencia sin invertir demasiado tiempo en tareas repetitivas. Aquí te presento algunas herramientas y ejemplos prácticos que cualquier persona puede utilizar:

1. Programación de Publicaciones:
- Herramientas Recomendadas: Hootsuite, Buffer, Later.
- Estrategia: Programa tus publicaciones para que se publiquen en los momentos óptimos, incluso cuando no estás en línea. Esto asegura que tu contenido llegue a tu audiencia en el momento adecuado.
- Ejemplo Práctico: Programa tus publicaciones de Reels, historias y fotos para que se publiquen automáticamente a lo largo del día, incluso cuando estás ocupado en otras tareas.

2. Respuestas Automáticas a Mensajes Directos:
- Herramientas Recomendadas: MobileMonkey, ManyChat.
- Estrategia: Configura respuestas automáticas para los mensajes directos, agradeciendo a los seguidores por su interacción y proporcionando información útil.
- Ejemplo Práctico: Cuando alguien envía un mensaje directo preguntando sobre tu horario comercial, configura una respuesta automática que incluya tus horas de atención al cliente.

3. Comentarios Automatizados:
- Herramientas Recomendadas: Jarvee, Combin.

- Estrategia: Programa comentarios automáticos en publicaciones relevantes de otros usuarios o seguidores para generar interacción y visibilidad.
- Ejemplo Práctico: Si tienes una tienda de moda, configura comentarios automáticos elogiando la elección de estilo de los usuarios que sigues.

4. Gestión de Seguidores y Dejar de Seguir:

- Herramientas Recomendadas: Crowdfire, Instazood.
- Estrategia: Automatiza el seguimiento de nuevos seguidores y el dejar de seguir a cuentas que no te siguen de vuelta.
- Ejemplo Práctico: Configura la herramienta para que siga automáticamente a usuarios que utilizan ciertos hashtags relacionados con tu nicho.

5. Gestión de Hashtags:

- Herramientas Recomendadas: RiteTag, Hashtagify.
- Estrategia: Utiliza herramientas para encontrar los hashtags más relevantes y populares en tu nicho, lo que aumentará la visibilidad de tus publicaciones.
- Ejemplo Práctico: Si tienes una tienda de alimentos saludables, utiliza estas herramientas para encontrar los hashtags más populares relacionados con la alimentación saludable.

6. Programación de Historias:

- Herramientas Recomendadas: Buffer, Later.
- Estrategia: Programa historias para que se publiquen en momentos estratégicos, lo que permite mantener una presencia constante en la plataforma.
- Ejemplo Práctico: Programa historias diarias con consejos o detrás de escena de tu negocio.

7. Análisis de Métricas:

- Herramientas Recomendadas: Iconosquare, Sprout Social.
- Estrategia: Utiliza herramientas de análisis para evaluar el rendimiento de tus publicaciones y ajustar tu estrategia según los resultados.

- Ejemplo Práctico: Analiza las métricas para determinar cuáles son tus publicaciones más populares y continúa creando contenido similar.

8. Gestión de Comentarios:
- Herramientas Recomendadas: SocialBee, Agorapulse.
- Estrategia: Utiliza herramientas de gestión de comentarios para mantener conversaciones en las publicaciones y responder a preguntas o inquietudes de los seguidores.
- Ejemplo Práctico: Configura alertas para recibir notificaciones cuando se realicen nuevos comentarios en tus publicaciones y responde rápidamente.

Recuerda que si bien la automatización puede ser una herramienta valiosa, no debes perder la autenticidad. Es importante mantener una presencia genuina y personal en Instagram, incluso cuando se utilizan herramientas de automatización. La combinación de ambas estrategias puede ayudarte a mantener el compromiso de tu audiencia de manera efectiva.

6.2 Seguimiento y análisis de métricas clave.

El seguimiento y análisis de métricas clave en Instagram es esencial para evaluar el rendimiento de tu estrategia de marketing y tomar decisiones informadas. Aquí te presento una guía detallada sobre cómo hacerlo, junto con ejemplos prácticos y las mejores métricas a tener en cuenta:

1. Métricas de Compromiso:
- Mejores Métricas: Tasa de interacción, tasa de clics, tasa de participación en historias.
- Estrategia: Evalúa cuántos seguidores interactúan con tus publicaciones y contenido. La tasa de interacción se calcula dividiendo el número total de interacciones (me gusta, comentarios, compartidos) por el número de seguidores y multiplicando por 100.

- Ejemplo Práctico: Si obtuviste 1,000 interacciones en una publicación y tienes 10,000 seguidores, la tasa de interacción sería del 10%.

2. Métricas de Alcance:

- Mejores Métricas: Alcance, impresiones, tasa de visualización de historias.
- Estrategia: Mide cuántas personas han visto tus publicaciones o historias. El alcance se refiere al número total de cuentas únicas que vieron tu contenido, mientras que las impresiones indican cuántas veces se mostró tu contenido en total.
- Ejemplo Práctico: Si una publicación tuvo un alcance de 5,000 y 10,000 impresiones, esto significa que 5,000 cuentas únicas vieron la publicación un total de 10,000 veces.

3. Métricas de Crecimiento de Seguidores:

- Mejores Métricas: Crecimiento de seguidores, tasa de crecimiento.
- Estrategia: Evalúa cuántos nuevos seguidores has obtenido en un período específico y calcula la tasa de crecimiento dividiendo el número de nuevos seguidores por el número total de seguidores y multiplicando por 100.
- Ejemplo Práctico: Si obtuviste 500 nuevos seguidores en un mes y tenías 10,000 seguidores al principio del mes, tu tasa de crecimiento sería del 5%.

4. Métricas de Conversión:

- Mejores Métricas: Tasa de conversión, clics en enlaces, seguidores convertidos en clientes.
- Estrategia: Evalúa cuántos seguidores han realizado una acción específica, como hacer clic en un enlace de compra o completar un formulario. Calcula la tasa de conversión dividiendo el número de conversiones por el número de seguidores y multiplicando por 100.
- Ejemplo Práctico: Si 100 seguidores hicieron clic en el enlace de compra y tienes 5,000 seguidores en total, la tasa de conversión sería del 2%.

5. Métricas de Retención de Audiencia:

- Mejores Métricas: Tasa de retención de seguidores, tasa de abandono.
- Estrategia: Mide cuántos seguidores has mantenido a lo largo del tiempo. Calcula la tasa de retención dividiendo el número de seguidores al final de un período por el número de seguidores al inicio y multiplicando por 100.
- Ejemplo Práctico: Si comenzaste el mes con 10,000 seguidores y terminaste con 9,800, la tasa de retención sería del 98%.

6. Métricas de Publicaciones Populares:

- Mejores Métricas: Publicaciones más populares, mejor hora para publicar.
- Estrategia: Identifica cuáles son las publicaciones que han obtenido más interacciones y cuál es el mejor momento del día para publicar según las métricas de interacción.
- Ejemplo Práctico: Analiza tus publicaciones más populares para identificar patrones de contenido que funcionan bien y publica en esos momentos óptimos.

7. Métricas de Historias de Instagram:

- Mejores Métricas: Visualizaciones de historias, tasa de salida, tasa de respuesta a encuestas.
- Estrategia: Evalúa el rendimiento de tus historias de Instagram, cuántas personas las ven y cuántas participan en encuestas o preguntas.
- Ejemplo Práctico: Si tus historias tienen una tasa de salida del 10%, significa que el 10% de las personas que vieron tu historia la abandonaron antes de que terminara.

8. Métricas de Hashtags:

- Mejores Métricas: Rendimiento de hashtags, crecimiento de seguidores relacionado con hashtags.
- Estrategia: Analiza qué hashtags generan más impresiones y participación. También observa si el uso de ciertos hashtags aumenta tu tasa de crecimiento de seguidores.

- Ejemplo Práctico: Si notas que tus publicaciones con el hashtag #fitness obtienen más interacciones, considera incluirlo con frecuencia en tus publicaciones relacionadas con fitness.

Para realizar un seguimiento efectivo y análisis de métricas, puedes utilizar herramientas de análisis de redes sociales como Iconosquare, Sprout Social o las métricas nativas de Instagram. Estas métricas te proporcionarán información valiosa sobre el rendimiento de tu estrategia y te ayudarán a tomar decisiones informadas para mejorar tu presencia en Instagram.

6.3 Ajuste constante de estrategias en función de los resultados.

La adaptación constante de tus estrategias en función de los resultados es esencial para mantener una presencia efectiva en Instagram. Aquí tienes una guía detallada sobre cómo hacerlo, junto con ejemplos prácticos que cualquier persona puede aplicar:

1. Analiza Regularmente tus Métricas:

- Ejemplo Práctico: Supongamos que estás ejecutando una campaña de marketing en Instagram para promocionar tus productos de belleza. Después de un mes, analizas tus métricas y notas que las publicaciones relacionadas con "cuidado de la piel" obtienen el doble de interacciones que las relacionadas con "maquillaje". En este punto, puedes ajustar tu estrategia para centrarte más en contenido de cuidado de la piel.

2. Escucha a tu Audiencia:

- Ejemplo Práctico: Observas que tus seguidores en Instagram están dejando comentarios positivos sobre tus productos y solicitando más tutoriales de uso. Puedes adaptar tu estrategia para crear más contenido de tutoriales y responder a las solicitudes de tus seguidores.

3. Realiza Pruebas A/B:

- Ejemplo Práctico: Estás utilizando Instagram Ads para promocionar tu línea de ropa y has estado usando principalmente imágenes de modelos en situaciones cotidianas. Decides realizar una prueba A/B, mostrando la misma prenda con dos tipos de imágenes diferentes. Descubres que las imágenes de modelos en un entorno de estilo de vida obtienen un 20% más de clics. Ajustas tu estrategia para incluir más imágenes de este tipo.

4. Mantén Actualizado tu Calendario de Contenido:

- Ejemplo Práctico: Si notas que las publicaciones relacionadas con temas de temporada o eventos actuales obtienen más participación, puedes incorporar contenido relacionado con eventos importantes o festividades en tu calendario de contenido.

5. Experimenta con Diferentes Formatos de Contenido:

- Ejemplo Práctico: Si has estado publicando principalmente fotos estáticas, podrías comenzar a experimentar con publicaciones de Reels o carruseles para ver cómo responden tus seguidores.

6. Ajusta tus Horarios de Publicación:

- Ejemplo Práctico: Si has estado publicando principalmente en la tarde, puedes probar a publicar por la mañana para alcanzar a una audiencia diferente y evaluar si obtienes un mejor compromiso.

7. Realiza Encuestas o Preguntas a tu Audiencia:

- Ejemplo Práctico: Utiliza funciones como encuestas en historias para preguntar a tu audiencia qué tipo de contenido prefieren o qué productos les gustaría ver en tu tienda. Sus respuestas pueden ayudarte a adaptar tu estrategia.

8. Mantente al Día con las Tendencias de Instagram:

- Ejemplo Práctico: Si notas que los stickers o características de Instagram como las encuestas o las preguntas están siendo utilizados de manera creativa por otras marcas, considera cómo puedes incorporar estas tendencias en tu estrategia.

9. Sé Flexible y Abierto al Cambio:

- Ejemplo Práctico: A medida que la plataforma evoluciona, como la introducción de nuevas funciones o algoritmos, sé abierto a ajustar tu estrategia para adaptarte a estos cambios y mantener la relevancia.

Recuerda que cada audiencia y nicho es único, por lo que es importante estar dispuesto a probar, aprender de tus resultados y ajustar continuamente tus estrategias en función de lo que funcione mejor para tu presencia en Instagram. La adaptación constante te permitirá mantener una audiencia comprometida y en constante crecimiento.

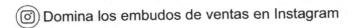

Capítulo 7: Estudios de Caso Exitosos

7.1 Ejemplos reales de marcas que han implementado con éxito embudos de ventas en Instagram utilizando AIDA.

Marcas Exitosas que han implementado embudos de ventas en Instagram utilizando el modelo AIDA (Atención, Interés, Deseo y Acción) de manera efectiva:

1. Nike:

- Atención: Nike crea un fuerte impacto visual desde el primer momento. Sus publicaciones a menudo presentan atletas famosos, eventos deportivos emocionantes y diseños de calzado llamativos que capturan la atención de inmediato.
- Interés: A través de sus publicaciones y Reels, Nike narra historias inspiradoras sobre atletas que superan obstáculos y alcanzan sus objetivos utilizando productos Nike. Esto genera un interés genuino en sus seguidores.
- Deseo: Nike utiliza historias para mostrar la calidad y el rendimiento de sus productos. Muestran cómo sus zapatos pueden mejorar el rendimiento atlético y resaltar el estilo personal, creando así un deseo por sus productos.
- Acción: Nike incluye enlaces directos a su tienda en línea en las publicaciones y Reels, facilitando a los seguidores la acción de compra. Además, utilizan mensajes directos para brindar un servicio al cliente personalizado y responder preguntas sobre productos.

2. Glossier:

- Atención: Glossier es conocida por su estética de diseño limpia y minimalista. Sus publicaciones en Instagram a menudo presentan productos de belleza en tonos suaves y naturales que capturan la atención de su audiencia.

- Interés: A través de historias y publicaciones de usuarios, Glossier fomenta la participación y el interés de su comunidad. Los seguidores comparten sus propias experiencias y resultados con los productos de la marca.
- Deseo: Glossier utiliza estrategias de contenido para destacar los beneficios de sus productos, enfocándose en cómo mejoran la piel y realzan la belleza natural. Además, sus historias muestran testimonios de clientes satisfechos.
- Acción: La marca facilita la acción al incluir enlaces directos a su tienda en línea y proporcionar códigos de descuento exclusivos a través de Instagram Stories para incentivar la compra.

3. Airbnb:

- Atención: Airbnb utiliza Instagram para destacar propiedades únicas en todo el mundo. Sus imágenes hermosas y lugares inusuales atraen la atención de los viajeros.
- Interés: A través de historias de viajeros y anfitriones, Airbnb crea conexiones emocionales e interés en la plataforma. Los testimonios y las historias inspiradoras son comunes en su estrategia.
- Deseo: Airbnb genera deseo al mostrar las experiencias únicas que los viajeros pueden tener al reservar alojamientos a través de su plataforma. Utilizan historias para dar vida a estas experiencias.
- Acción: La acción se facilita mediante enlaces directos a las propiedades y a la página de reserva en Airbnb. También utilizan mensajes directos para responder preguntas y ayudar a los usuarios a completar sus reservas.

4. Fashion Nova:

- Atención: Fashion Nova es conocida por sus publicaciones de moda con celebridades e influencers que lucen sus prendas de manera llamativa, capturando la atención de su audiencia.

- Interés: Utilizan historias para mostrar cómo las tendencias de moda pueden adaptarse al estilo de vida cotidiano. También organizan desafíos de moda en los que los seguidores pueden participar.
- Deseo: Fashion Nova crea deseo al mostrar la versatilidad y la asequibilidad de sus productos. Publican regularmente ofertas y descuentos exclusivos.
- Acción: La acción se impulsa mediante enlaces directos a productos y promociones. Además, incentivan a los seguidores a etiquetar a sus amigos y compartir sus propias fotos usando los productos de Fashion Nova.

Estos ejemplos ilustran cómo marcas líderes han aplicado con éxito el modelo AIDA en Instagram para guiar a los seguidores a través del embudo de ventas, desde la atención inicial hasta la acción de compra. Puedes tomar inspiración de estas estrategias y adaptarlas a tu propio negocio en Instagram.

7.3 Lecciones aprendidas y mejores prácticas.

Lecciones aprendidas y mejores prácticas basadas en la experiencia de las mejores marcas en Instagram que cualquier persona puede aplicar:

1. Autenticidad es la Clave:
- Lección Aprendida: Las marcas exitosas en Instagram son auténticas y muestran su personalidad. Los seguidores valoran la autenticidad sobre la perfección.
- Mejores Prácticas: Comparte contenido detrás de escena, muestra el lado humano de tu negocio y responde a los comentarios de manera genuina. Por ejemplo, Starbucks publica fotos de baristas sonrientes y momentos de camaradería en sus tiendas.

2. Consistencia Visual:
- Lección Aprendida: Mantén un diseño visual coherente para que tus seguidores reconozcan tu marca al instante.
- Mejores Prácticas: Utiliza una paleta de colores consistente y aplica un filtro de edición de imágenes uniforme. Airbnb, por ejemplo, mantiene una estética de fotos brillantes y limpias en su feed.

3. Conoce a tu Audiencia:
- Lección Aprendida: Comprende a tu audiencia y adapta tu contenido a sus intereses y necesidades.
- Mejores Prácticas: Realiza encuestas y preguntas a tu audiencia para obtener retroalimentación directa. Por ejemplo, National Geographic solicita opiniones a sus seguidores sobre qué historias les gustaría ver.

4. Contenido de Valor:
- Lección Aprendida: Proporciona contenido que sea valioso, inspirador o educativo para tu audiencia.

- Mejores Prácticas: Crea tutoriales, guías o consejos relacionados con tu nicho. Por ejemplo, GoPro comparte videos de usuarios que muestran cómo utilizar sus cámaras en diversas situaciones.

5. Narración de Historias:

- Lección Aprendida: Las historias son poderosas para conectar emocionalmente con tu audiencia.
- Mejores Prácticas: Utiliza el storytelling para mostrar cómo tus productos o servicios tienen un impacto positivo en la vida de las personas. Airbnb narra historias de anfitriones y viajeros que han tenido experiencias memorables.

6. Colaboraciones Estratégicas:

- Lección Aprendida: Las colaboraciones con influencers y otras marcas pueden ampliar tu alcance.
- Mejores Prácticas: Busca colaboraciones que sean auténticas y alineadas con tus valores de marca. Por ejemplo, Adidas colabora con atletas de renombre y otros influencers deportivos.

7. Uso Creativo de Funciones de Instagram:

- Lección Aprendida: Experimenta con las funciones y características de Instagram para mantener tu contenido fresco.
- Mejores Prácticas: Utiliza encuestas, preguntas, carruseles y Reels para diversificar tu contenido y fomentar la interacción. Por ejemplo, la marca de moda Zara utiliza carruseles para mostrar diferentes estilos de una prenda.

8. Monitorea y Analiza:

- Lección Aprendida: El seguimiento de métricas es esencial para ajustar y mejorar tu estrategia.
- Mejores Prácticas: Utiliza herramientas de análisis de Instagram y sigue de cerca métricas como el compromiso, el crecimiento de seguidores y las conversiones. Ajusta tu estrategia según los resultados.

9. La Hora del Contenido Importa:

- Lección Aprendida: El momento en que publicas puede influir en el alcance y el compromiso.
- Mejores Prácticas: Experimenta con diferentes horarios y días de la semana para encontrar cuándo tu audiencia está más activa. Las estadísticas de Instagram te proporcionarán información valiosa.

10. Escucha a tus Seguidores:

- Lección Aprendida: Escuchar a tus seguidores puede generar ideas y mejorar la relación con la audiencia.
- Mejores Prácticas: Presta atención a los comentarios y mensajes directos, y responde de manera oportuna. Starbucks, por ejemplo, responde a las sugerencias de sus seguidores y a menudo incorpora sus ideas en nuevos productos.

Estas lecciones aprendidas y mejores prácticas te ayudarán a construir una estrategia sólida en Instagram. Recuerda que el éxito en esta plataforma requiere tiempo y esfuerzo constante para cultivar una comunidad comprometida y en crecimiento.

Capítulo 8: Superando Desafíos Comunes

8.1 Abordar la competencia en Instagram.

En este capítulo, abordaremos uno de los desafíos más comunes en Instagram: la competencia. A medida que más y más empresas se unen a la plataforma, es fundamental destacar y sobresalir. Veremos ejemplos de estrategias exitosas de marcas que han superado este desafío utilizando Reels, Historias, Publicaciones y Mensajes Directos de manera efectiva.

Desafío: Abordar la Competencia en Instagram

El crecimiento constante de Instagram ha llevado a una mayor competencia en la plataforma. Las empresas se esfuerzan por captar la atención de su audiencia en medio de un mar de contenido. Aquí hay estrategias efectivas para abordar este desafío:

1 Enfoque en la Diferenciación
- Ejemplo de Diferenciación: Una tienda en línea de joyería se destaca en Instagram al enfocarse en joyas personalizadas y únicas. Publican contenido que resalta la artesanía detrás de cada pieza y muestran ejemplos de joyas personalizadas hechas para clientes reales.

2 Colaboraciones Estratégicas
- Ejemplo de Colaboración: Dos marcas de moda colaboran en una serie de Reels de moda que muestran cómo combinar sus productos. Esta colaboración cruzada aumenta la visibilidad de ambas marcas ante audiencias nuevas.

3 Narrativa de Marca Fuerte
- Ejemplo de Narrativa de Marca: Una empresa de alimentos utiliza Historias en Instagram para contar la historia de su fundador y la pasión por la cocina detrás de sus productos. Esta narrativa crea una conexión emocional con la audiencia.

4 Uso Creativo de Hashtags

- Ejemplo de Uso de Hashtags Creativos: Una marca de belleza crea un hashtag único que anima a los seguidores a compartir fotos de su rutina de maquillaje utilizando sus productos. Esto crea una comunidad de seguidores leales que participan activamente.

5 Campañas de Conciencia de Marca

- Ejemplo de Campaña de Conciencia de Marca: Una organización benéfica utiliza Reels para crear conciencia sobre su causa y su misión. Esto no solo destaca la marca, sino que también involucra a la audiencia en una causa noble.

6 Respuesta Rápida y Personalizada

- Ejemplo de Respuesta Rápida y Personalizada: Una tienda en línea de electrónica responde rápidamente a las preguntas y comentarios de los seguidores en Mensajes Directos. Esta atención personalizada fomenta la lealtad de los clientes.

7 Monitoreo de la Competencia

- Ejemplo de Monitoreo de la Competencia: Una empresa de tecnología monitorea a sus competidores en Instagram para identificar estrategias exitosas. Aprenden de lo que funciona en el mercado y ajustan su propia estrategia en consecuencia.

8 Mantenimiento de la Calidad

- Ejemplo de Mantenimiento de la Calidad: Una marca de alimentos se asegura de que cada Publicación o Historia sea de alta calidad visual y brinde valor a la audiencia. Mantienen altos estándares de calidad en su contenido.

En resumen, abordar la competencia en Instagram requiere estrategias creativas y un enfoque en la diferenciación y la calidad. Las marcas exitosas utilizan la narrativa de marca, las colaboraciones, las campañas de conciencia de marca y la atención personalizada para destacar y construir relaciones sólidas con su audiencia. Al adaptarse constantemente a las tendencias y aprender de la competencia, pueden superar este desafío y sobresalir en Instagram.

8.2 Manejo de comentarios negativos y crisis de reputación.

En este capítulo, abordaremos uno de los desafíos más delicados que las empresas pueden enfrentar en Instagram: el manejo de comentarios negativos y crisis de reputación. Es esencial saber cómo abordar estos problemas de manera efectiva para proteger y mantener la imagen de la marca. Veremos ejemplos de cómo algunas empresas exitosas han manejado con éxito esta situación en Reels, Historias, Publicaciones y Mensajes Directos.

Desafío: Manejo de Comentarios Negativos y Crisis de Reputación

Las redes sociales, incluido Instagram, pueden exponer a las empresas a comentarios negativos y situaciones de crisis de reputación. A continuación, se presentan estrategias efectivas para abordar estos desafíos:

1 Respuesta Rápida y Profesional

- Ejemplo de Respuesta Rápida: Una empresa de moda recibe un comentario negativo en una Publicación que critica la calidad de uno de sus productos. La empresa responde de inmediato, agradece al usuario por su retroalimentación y se ofrece a resolver el problema. Esto muestra un compromiso con la satisfacción del cliente.

2 Gestión de Crisis de Reputación

Ejemplo de Gestión de Crisis: Una marca de alimentos se enfrenta a una crisis de seguridad alimentaria relacionada con uno de sus productos. Utilizan Historias y Publicaciones para comunicar de manera transparente la situación, las medidas de seguridad tomadas y cómo están resolviendo el problema. Esto ayuda a mantener la confianza del público.

3 Mantenimiento de la Calma y la Empatía

- Ejemplo de Empatía: Una empresa de servicios de viaje recibe comentarios negativos de clientes que experimentaron problemas durante sus viajes. En lugar de una respuesta defensiva, la empresa muestra empatía, se disculpa y ofrece soluciones para rectificar la situación.

4 Mensajes Directos Privados

Ejemplo de Resolución Privada: Cuando los comentarios negativos se deben a problemas individuales, como problemas de pedido o servicio al cliente, las empresas pueden usar Mensajes Directos para resolver el problema de manera privada y satisfactoria para el cliente.

5 Moderación de Comentarios

Ejemplo de Moderación de Comentarios: Una marca de cosméticos utiliza la moderación de comentarios para eliminar contenido ofensivo o spam en sus Publicaciones. Esto ayuda a mantener un ambiente positivo en su perfil.

6 Aprender y Mejorar

- Ejemplo de Aprendizaje de Comentarios Negativos: Una empresa de tecnología toma en serio los comentarios negativos sobre errores en sus productos y los utiliza como oportunidades de mejora. Luego, comparten actualizaciones y mejoras a través de Historias y Publicaciones.

7 Monitoreo Continuo

- Ejemplo de Monitoreo Continuo: Las empresas deben implementar herramientas de monitoreo para seguir de cerca las menciones de la marca y los comentarios en tiempo real. Esto les permite abordar rápidamente cualquier problema antes de que se convierta en una crisis importante.

En resumen, el manejo de comentarios negativos y crisis de reputación en Instagram es una parte importante de la gestión de redes sociales. Las empresas exitosas demuestran profesionalismo, empatía y una respuesta rápida a las preocupaciones de los clientes. Al abordar estos

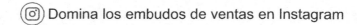

desafíos de manera efectiva, pueden mantener la confianza del público y proteger la reputación de la marca en la plataforma.

8.3 Adaptación a los cambios algorítmicos de Instagram.

En este capítulo, abordaremos un desafío constante en Instagram: la adaptación a los cambios algorítmicos de la plataforma. Instagram regularmente ajusta su algoritmo, lo que puede afectar la visibilidad y el alcance de las publicaciones de las empresas. Veremos ejemplos de cómo algunas empresas exitosas han logrado adaptarse a estos cambios en Reels, Historias, Publicaciones y Mensajes Directos.

Desafío: Adaptación a los Cambios Algorítmicos de Instagram

Instagram realiza cambios frecuentes en su algoritmo para mejorar la experiencia del usuario y promover ciertos tipos de contenido. Aquí hay estrategias efectivas para adaptarse a estos cambios:

1 Publicación Consistente de Contenido de Calidad
- Ejemplo de Publicación Consistente: Una marca de moda se mantiene activa en Instagram al publicar contenido de alta calidad de manera regular. Mantienen una coherencia en la calidad y el estilo de sus Publicaciones para mantener a su audiencia comprometida.

2 Uso Estratégico de Hashtags
- Ejemplo de Uso de Hashtags Estratégicos: Una empresa de fitness ajusta su estrategia de hashtags en función de las tendencias actuales y los intereses de su audiencia. Seleccionan hashtags relevantes y populares para aumentar la visibilidad de sus publicaciones.

3 Fomento de la Interacción de la Audiencia
- Ejemplo de Fomento de Interacción: Una marca de alimentos alienta a su audiencia a participar activamente en sus publicaciones mediante preguntas en la descripción, encuestas en Historias y desafíos creativos. Esto aumenta la interacción y la visibilidad.

4 Uso Creativo de Reels y Historias

- Ejemplo de Uso Creativo de Reels: Una tienda de productos para el hogar utiliza Reels para crear contenido divertido y educativo sobre cómo usar sus productos. Esto les permite aprovechar la nueva función de Reels y aumentar la visibilidad.

5 Colaboraciones con Influencers

- Ejemplo de Colaboración con Influencers: Una marca de belleza colabora con influenciadores populares que tienen seguidores comprometidos. Estas colaboraciones aumentan la visibilidad de la marca y llegan a nuevas audiencias.

6 Publicidad en Instagram

- Ejemplo de Publicidad Efectiva: Una empresa de comercio electrónico utiliza anuncios pagados en Instagram para llegar a un público más amplio y específico. Aprovechan las opciones de segmentación de anuncios para obtener mejores resultados.

7 Monitoreo y Aprendizaje Constantes

- Ejemplo de Monitoreo Constante: Las empresas deben estar atentas a las métricas de rendimiento y al monitoreo de cambios en el algoritmo. Aprenden de los datos y ajustan sus estrategias en consecuencia.

8 Experimentación Continua

- Ejemplo de Experimentación Continua: Una marca de viajes prueba diferentes formatos de contenido, como carruseles de imágenes, videos en directo y contenido interactivo. Aprenden qué tipos de contenido funcionan mejor en el nuevo algoritmo.

En resumen, la adaptación a los cambios algorítmicos de Instagram requiere estrategia, consistencia y aprendizaje constante. Las empresas exitosas publican contenido de calidad, fomentan la interacción, utilizan estratégicamente los hashtags y, cuando es necesario, utilizan publicidad en Instagram para mantener y aumentar su visibilidad. Están dispuestas a experimentar y ajustar sus estrategias para adaptarse a un entorno en constante evolución.

Capítulo 9: Construyendo Relaciones Duraderas con Clientes

9.1 Estrategias de fidelización de clientes en Instagram.

En este capítulo, exploraremos estrategias efectivas para construir relaciones duraderas con los clientes en Instagram. La fidelización de clientes es esencial para el éxito a largo plazo de cualquier negocio, y esta plataforma ofrece oportunidades únicas para fortalecer esos lazos. Veremos ejemplos de cómo algunas empresas exitosas han aplicado estrategias de fidelización en Reels, Historias, Publicaciones y Mensajes Directos.

estrategias efectivas de fidelización de clientes en Instagram, junto con ejemplos que puedes aplicar en tu propia estrategia de marketing:

1. Programas de Lealtad:
Explicación: Crea un programa de lealtad en el que recompenses a tus seguidores más fieles con descuentos exclusivos, regalos o acceso anticipado a productos.

Ejemplo: Starbucks tiene el programa "Starbucks Rewards", que permite a los clientes ganar puntos por cada compra y canjearlos por bebidas gratuitas u otros beneficios. En Instagram, Starbucks podría promocionar ofertas especiales para miembros del programa.

2. Contenido Exclusivo:
Explicación: Publica contenido exclusivo en Instagram que solo esté disponible para tus seguidores más leales.

Ejemplo: Una marca de moda podría compartir adelantos de nuevas colecciones o productos en Instagram Stories, ofreciendo a sus

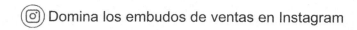

seguidores la primicia antes de que estén disponibles para el público en general.

3. Concursos y Giveaways:
Explicación: Organiza concursos y sorteos en Instagram en los que los participantes deban seguirte, etiquetar a amigos o compartir contenido relacionado con tu marca.

Ejemplo: Una empresa de productos de belleza podría realizar un concurso en el que los seguidores compartan sus fotos usando sus productos con un hashtag específico y etiqueten a la marca. El ganador podría recibir productos gratuitos.

4. Interacción Activa:
Explicación: Responde a los comentarios y mensajes directos de tus seguidores de manera activa y personalizada para construir relaciones sólidas.

Ejemplo: Nike es conocida por responder a los comentarios de sus seguidores, ya sea para brindar agradecimientos o para responder preguntas sobre productos. Esta interacción muestra su compromiso con la comunidad.

5. Publicaciones de Aniversario:
Explicación: Celebra el aniversario de un cliente destacado o de tu propia marca compartiendo una publicación especial.
Ejemplo: Una tienda de ropa podría compartir una foto de un cliente que ha sido fiel durante años, destacando su historia con la marca y agradeciéndole por su lealtad.

6. Colaboraciones con Seguidores:
Explicación: Colabora con tus seguidores para crear contenido conjunto o involucrarlos en el desarrollo de nuevos productos.

Ejemplo: Una marca de alimentos podría invitar a sus seguidores a proponer nombres para un nuevo producto o a enviar recetas usando

sus productos. Luego, podrían destacar las contribuciones de los seguidores en su feed.

7. Contenido Educativo y de Valor:

Explicación: Proporciona contenido educativo y útil que responda a las preguntas y necesidades de tus seguidores.

Ejemplo: Un negocio de bienestar podría ofrecer consejos de salud y bienestar en forma de publicaciones, Reels o IGTV. Responder a preguntas comunes sobre nutrición o ejercicio puede ayudar a construir confianza y fidelidad.

8. Reconocimiento de Cumpleaños:

Explicación: Reconoce el cumpleaños de tus seguidores con mensajes personalizados y ofertas especiales.

Ejemplo: Una tienda en línea podría enviar un mensaje de cumpleaños a sus clientes con un código de descuento exclusivo para usar en su próximo pedido.

9. Encuestas y Opiniones:

Explicación: Pide la opinión de tus seguidores sobre productos, servicios o futuros proyectos. Demuestra que sus opiniones son importantes para ti.

Ejemplo: Una empresa de tecnología podría realizar encuestas en Instagram Stories para conocer las preferencias de sus seguidores en cuanto a características de productos.

10. Eventos y Experiencias Exclusivas:

Explicación: Invita a tus seguidores más leales a eventos exclusivos o experiencias especiales relacionadas con tu marca.

Ejemplo: Un restaurante de lujo podría organizar una cena de degustación solo para sus seguidores más leales, ofreciéndoles una experiencia culinaria única.

Recuerda que la fidelización de clientes es un proceso continuo que requiere compromiso y atención constante. Utiliza estas estrategias y adapta tu enfoque según las necesidades y preferencias de tu audiencia en Instagram.

9.2 El valor de la atención al cliente a través de Mensajes Directos.

La atención al cliente a través de Mensajes Directos en Instagram es una estrategia esencial para construir relaciones duraderas con los clientes. En este capítulo, exploraremos cómo las empresas pueden aprovechar esta herramienta para brindar un servicio excepcional y fortalecer la lealtad de sus clientes. Veremos ejemplos de cómo algunas empresas exitosas han aplicado la atención al cliente a través de Mensajes Directos de manera efectiva.

El Valor de la Atención al Cliente a través de Mensajes Directos

La comunicación personalizada y directa con los clientes a través de Mensajes Directos puede tener un impacto significativo en la construcción de relaciones sólidas. Aquí hay formas en que las empresas pueden aprovechar esta herramienta:

9.1 Respuestas Rápidas a Preguntas y Problemas
- Ejemplo de Respuestas Rápidas: Una tienda en línea de electrónica se compromete a responder a las preguntas y resolver los problemas de los clientes a través de Mensajes Directos en un plazo de 24 horas. Esto demuestra un compromiso con la satisfacción del cliente.

9.2 Asistencia Personalizada
- Ejemplo de Asistencia Personalizada: Una marca de moda ofrece asesoramiento de estilo personalizado a través de Mensajes Directos. Los clientes pueden enviar fotos de sí mismos y recibir recomendaciones de moda específicas para sus gustos.

9.3 Resolución de Problemas de Manera Privada
- Ejemplo de Resolución Privada: Cuando un cliente tiene un problema con un pedido, una empresa de alimentos utiliza Mensajes Directos para resolver el problema de manera

privada y satisfactoria. Esto evita que los problemas se amplifiquen públicamente.

9.4 Ofertas y Descuentos Exclusivos

- Ejemplo de Ofertas Exclusivas: Una marca de belleza envía ofertas y descuentos exclusivos a través de Mensajes Directos a sus clientes más leales como muestra de agradecimiento por su continuo apoyo.

9.5 Seguimiento Postventa

- Ejemplo de Seguimiento Postventa: Después de que un cliente realiza una compra, una empresa de viajes envía un mensaje de seguimiento para asegurarse de que estén satisfechos con su experiencia y para recopilar comentarios.

9.6 Comunicación Proactiva

- Ejemplo de Comunicación Proactiva: Una marca de tecnología utiliza Mensajes Directos para informar a sus clientes sobre actualizaciones de productos, próximos lanzamientos y consejos de uso. Esto mantiene a los clientes informados y comprometidos.

9.7 Reconocimiento y Cumpleaños

- Ejemplo de Reconocimiento: Una empresa de joyería envía mensajes personalizados de cumpleaños a sus clientes, a menudo acompañados de un descuento especial o un regalo. Esto crea una conexión emocional y reconoce la lealtad del cliente.

En resumen, la atención al cliente a través de Mensajes Directos en Instagram es una herramienta poderosa para construir relaciones duraderas con los clientes. Las empresas exitosas utilizan esta plataforma para brindar respuestas rápidas, asistencia personalizada, ofertas exclusivas y seguimiento postventa. Al proporcionar un servicio excepcional y una comunicación proactiva, pueden fortalecer la lealtad de sus clientes y convertirlos en embajadores de la marca.

9.3 Creación de contenido postventa para mantener el compromiso.

La creación de contenido postventa en Instagram es una estrategia clave para mantener el compromiso y fortalecer las relaciones con los clientes después de que han realizado una compra. En este capítulo, exploraremos cómo las empresas pueden utilizar Reels, Historias, Publicaciones y Mensajes Directos para mantener a los clientes comprometidos y satisfechos. Veremos ejemplos de cómo algunas empresas exitosas han aplicado esta estrategia de manera efectiva.

1. Tutoriales de Uso:
Explicación: Crea tutoriales visuales que muestren cómo utilizar tus productos o servicios de manera efectiva.
Ejemplo: Si vendes equipo de gimnasio en casa, publica videos cortos en Instagram Reels que demuestren diferentes ejercicios que se pueden realizar con los productos que has vendido.

2. Historias de Clientes Satisfechos:
Explicación: Comparte historias de clientes felices que han tenido experiencias positivas con tu marca.
Ejemplo: Publica testimonios en video de clientes que han logrado resultados impresionantes utilizando tus productos o servicios. Destaca sus logros y cómo tu marca los ha ayudado.

3. Contenido Educativo Continuo:
Explicación: Sigue proporcionando contenido educativo relacionado con tu industria o nicho, incluso después de la compra.

Ejemplo: Si tienes una tienda de moda, continúa compartiendo consejos de estilo, tendencias de moda y guías de cuidado de prendas en tus publicaciones regulares.

4. Ofertas Exclusivas para Clientes Leales:
Explicación: Ofrece descuentos exclusivos o promociones especiales a tus clientes leales como muestra de agradecimiento.

Ejemplo: Publica códigos de descuento exclusivos en tu historia de Instagram o en publicaciones regulares y anuncia que solo están disponibles para clientes que han comprado anteriormente.

5. Actualizaciones de Producto:
Explicación: Mantén a tus clientes informados sobre nuevas versiones o mejoras de tus productos o servicios.

Ejemplo: Si vendes aplicaciones móviles, publica anuncios en Instagram cuando lanzas nuevas características o actualizaciones importantes.

6. Sesiones de Preguntas y Respuestas (Q&A):
Explicación: Realiza sesiones regulares de preguntas y respuestas en vivo o en IGTV para responder a las preguntas de tus clientes y proporcionar consejos y orientación en tiempo real.

Ejemplo: Si tienes una tienda en línea de productos para el cuidado del cabello, organiza una sesión de preguntas y respuestas en vivo para abordar consultas sobre el uso de tus productos.

7. Contenido Detrás de Escena:
Explicación: Comparte contenido detrás de escena para mostrar cómo funciona tu negocio y humanizar tu marca.

Ejemplo: Publica historias o publicaciones que muestren el proceso de fabricación de tus productos, el equipo detrás de tu marca y momentos divertidos o interesantes en tu lugar de trabajo.

8. Concursos de Usuarios Generados por el Usuario (UGC):
Explicación: Organiza concursos que animen a tus clientes a compartir fotos o historias relacionadas con tus productos o servicios.

Ejemplo: Puedes lanzar un concurso en el que los clientes compartan fotos de cómo están utilizando tus productos en su vida diaria. Destaca las mejores entradas en tu perfil.

9. Encuestas y Sugerencias de Clientes:

Explicación: Pide a tus clientes que compartan sus sugerencias y opiniones sobre tu marca o productos.

Ejemplo: Realiza encuestas en tus historias de Instagram para obtener retroalimentación sobre qué productos les gustaría ver en el futuro o cómo mejorar tus servicios.

10. Celebraciones de Aniversario:

Explicación: Celebra aniversarios significativos, ya sea el aniversario de tu marca o el de tus clientes con tu marca.

Ejemplo: Si un cliente ha estado comprando tus productos durante un año, comparte una publicación de agradecimiento en su honor y ofrece un pequeño regalo o descuento como muestra de aprecio.

Recuerda que la clave para mantener el compromiso postventa en Instagram es continuar proporcionando valor, escuchar a tus clientes y mantener una comunicación abierta y auténtica. Adaptando estas estrategias a tu nicho y marca, podrás mantener relaciones sólidas con tus clientes a largo plazo.

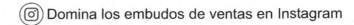

Capítulo 10: Plan de Acción

10.1 Cómo crear un plan de acción personalizado para tu negocio en Instagram.

Crear un plan de acción personalizado para tu negocio en Instagram es esencial para alcanzar tus objetivos de marketing y ventas en esta plataforma. A continuación, te guiaré a través de los pasos para crear un plan efectivo, junto con ejemplos de cómo algunas empresas exitosas han aplicado estrategias en Reels, Historias, Publicaciones y Mensajes Directos.

Paso 1: Definir Objetivos Claros
Antes de empezar, debes tener objetivos específicos en mente. Por ejemplo:
- Objetivo 1: Aumentar el conocimiento de la marca a través de la creación de contenido visualmente atractivo en Reels y Publicaciones.
- Objetivo 2: Generar interacción con la audiencia mediante encuestas y preguntas en Historias.
- Objetivo 3: Convertir seguidores en clientes a través de estrategias de llamada a la acción en Mensajes Directos.

Paso 2: Conoce a tu Audiencia
Comprende quiénes son tus seguidores y qué les interesa. Usa datos demográficos y análisis de Instagram para obtener información valiosa.

Paso 3: Crea un Calendario de Contenido
Planifica con anticipación qué contenido compartirás y cuándo. Por ejemplo:
- Publica una Reel educativa cada martes.
- Realiza encuestas en Historias los viernes.
- Comparte testimonios de clientes los miércoles en Publicaciones.

Paso 4: Diseño Visual y Coherencia de Marca

Mantén una estética visual coherente en tus publicaciones. Usa los colores y estilos que representen tu marca. Ejemplo: una tienda de ropa comparte Reels con modelos usando sus prendas.

Paso 5: Storytelling Efectivo

Cuenta historias en tus publicaciones que conecten con tu audiencia. Por ejemplo, una empresa de alimentos comparte la historia de cómo se creó su producto en una serie de Historias.

Paso 6: Genera Interacción

Fomenta la interacción con tu audiencia a través de encuestas, preguntas y desafíos en Historias. Una marca de fitness podría preguntar: "¿Cuál es tu objetivo de fitness para esta semana?"

Paso 7: Llamadas a la Acción (CTA)

Incluye llamadas a la acción claras en tus publicaciones y Reels. Por ejemplo, una empresa de cosméticos podría decir: "Desliza hacia arriba para obtener un descuento del 10% en tu próximo pedido".

Paso 8: Seguimiento y Análisis

Utiliza las métricas de Instagram para medir el rendimiento de tus publicaciones. Ajusta tu plan según lo necesario. Ejemplo: Si las Historias de preguntas obtienen una alta participación, continúa con esa estrategia.

Paso 9: Mantén la Autenticidad

Sé auténtico y transparente en tus comunicaciones. Una marca de viajes podría compartir errores pasados y cómo los han superado en Historias para mostrar autenticidad.

Paso 10: Fidelización de Clientes

Desarrolla estrategias de fidelización, como ofrecer descuentos exclusivos a través de Mensajes Directos a clientes leales.

Paso 11: Prueba Nuevas Estrategias
No tengas miedo de experimentar con nuevas estrategias. Una empresa de tecnología podría probar transmisiones en vivo para presentar productos en tiempo real.

Paso 12: Mantén la Comunicación
Comunica constantemente con tu audiencia. Por ejemplo, una tienda en línea de electrónica podría enviar actualizaciones periódicas a través de Historias sobre nuevos productos y ofertas.

Recuerda que cada negocio es único, por lo que tu plan de acción debe adaptarse a tus necesidades y objetivos específicos. Al seguir estos pasos y aprender de empresas exitosas, puedes crear un plan de acción efectivo para tu negocio en Instagram y lograr el éxito en esta plataforma social.

10.2 Paso a paso para implementar un embudo de ventas basado en el método AIDA.

Implementar un embudo de ventas basado en el método AIDA (Atención, Interés, Deseo y Acción) en Instagram es una estrategia efectiva para convertir seguidores en clientes. A continuación, te guiaré a través de los pasos clave para crear un embudo de ventas AIDA en esta plataforma, junto con ejemplos de cómo algunas empresas exitosas han aplicado con éxito estas estrategias en Reels, Historias, Publicaciones y Mensajes Directos.

Paso 1: Define tus Objetivos Claros
Explicación: Antes de comenzar, debes establecer objetivos claros para tu embudo de ventas en Instagram. ¿Quieres aumentar las conversiones, generar leads, aumentar el conocimiento de la marca o algo más? Es importante tener metas específicas para medir el éxito.

Herramientas: Puedes utilizar herramientas de análisis de Instagram para medir el rendimiento de tus objetivos.

Ejemplo: Si eres una tienda en línea de ropa, tu objetivo podría ser aumentar las ventas en un 20% en los próximos tres meses a través de Instagram.

Paso 2: Atención (A - Atracción)
Explicación: En esta etapa, tu objetivo es captar la atención de tu audiencia en Instagram. Crea contenido atractivo que llame la atención y responda a las necesidades de tu público objetivo.

Herramientas: Utiliza herramientas de diseño gráfico como Canva o Adobe Spark para crear imágenes y gráficos atractivos. También, considera usar herramientas de programación de contenido como Buffer o Hootsuite para programar tus publicaciones.

Ejemplo: Si tienes una empresa de alimentos saludables, puedes publicar imágenes coloridas de platos deliciosos y saludables que atraigan la atención de tus seguidores.

Paso 3: Interés (I - Interés)
Explicación: Una vez que hayas captado la atención de tu audiencia, debes despertar su interés. Proporciona contenido valioso que eduque, informe o entretenga a tu audiencia y que esté relacionado con tus productos o servicios.

Herramientas: Crea contenido informativo utilizando aplicaciones de edición de video como InShot o herramientas de diseño gráfico para crear infografías.

Ejemplo: Si vendes equipos de entrenamiento en casa, puedes publicar videos instructivos en Instagram Stories sobre cómo utilizar tus productos de manera efectiva.

Paso 4: Deseo (D - Deseo)
Explicación: En esta etapa, debes hacer que tu audiencia desee tu producto o servicio. Destaca los beneficios y características únicas que ofrece.

Herramientas: Utiliza aplicaciones de edición de imágenes y video para resaltar los aspectos más atractivos de tus productos. También, puedes utilizar el formato Carrusel de Instagram para mostrar múltiples imágenes y detalles.

Ejemplo: Si eres una agencia de viajes, puedes publicar una serie de imágenes que muestren destinos exóticos y experiencias emocionantes que los clientes pueden disfrutar al reservar un viaje contigo.

Paso 5: Acción (A - Acción)
Explicación: En la etapa final, guía a tu audiencia hacia la acción que deseas que tomen. Puede ser comprar un producto, completar un

formulario de contacto o cualquier otra acción que esté alineada con tu objetivo.

Herramientas: Utiliza herramientas de comercio electrónico si vendes productos directamente en Instagram o enlaza a una página de destino en tu sitio web donde los usuarios puedan tomar la acción deseada.
Ejemplo: Si estás promocionando un curso en línea, puedes incluir un enlace en tu biografía de Instagram que lleve a los usuarios a una página de registro donde puedan inscribirse en el curso.

Paso 6: Seguimiento y Optimización Continua
Explicación: Una vez que hayas implementado tu embudo de ventas en Instagram, es crucial hacer un seguimiento de su rendimiento. Utiliza herramientas de análisis de Instagram para medir el éxito de tus objetivos y ajusta tu estrategia según sea necesario.

Herramientas: Instagram Insights es una herramienta nativa que te proporciona información sobre el rendimiento de tus publicaciones y seguidores.

Ejemplo: Si tu objetivo era aumentar las ventas y no estás viendo los resultados deseados después de un mes, puedes ajustar tu estrategia de contenido o tu llamada a la acción para mejorar los resultados.
Recuerda que cada negocio es único, por lo que debes adaptar este proceso a tus necesidades específicas. Además, la consistencia en la publicación de contenido de calidad y el compromiso con tu audiencia son clave para el éxito a largo plazo en Instagram.

10.3 Medición del éxito y ajuste continuo.

Medir el éxito y ajustar continuamente tus estrategias es esencial para el crecimiento y la eficacia de tu embudo de ventas en Instagram. Aquí te guiaré a través de cómo puedes medir el éxito de tus estrategias en Reels, Historias, Publicaciones y Mensajes Directos, junto con ejemplos de cómo algunas empresas exitosas han aplicado con éxito esta práctica.

Paso 1: Establecer Métricas Claras
Antes de comenzar a medir, debes definir métricas claras que reflejen tus objetivos. Algunas métricas comunes incluyen:
- Número de seguidores nuevos.
- Interacciones (me gusta, comentarios, compartidos).
- Tasa de conversión (de seguidores a clientes).
- Ingresos generados.

Paso 2: Uso de Análisis de Instagram
Utiliza las herramientas de análisis de Instagram para rastrear métricas clave. Esto incluye métricas de audiencia, participación y conversión.

Paso 3: Evaluación de Estrategias en Reels
- Ejemplo de Evaluación en Reels: Una tienda de moda puede medir el éxito de sus Reels observando el número de visitas, interacciones y clics en enlaces a productos.

Paso 4: Evaluación de Estrategias en Historias
- Ejemplo de Evaluación en Historias: Una marca de viajes puede medir la efectividad de sus Historias evaluando el número de encuestas respondidas, respuestas a preguntas y visitas al perfil después de una Historia.

Paso 5: Evaluación de Estrategias en Publicaciones
- Ejemplo de Evaluación en Publicaciones: Una empresa de alimentos puede medir el éxito de sus Publicaciones

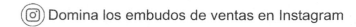

observando el número de me gusta, comentarios y conversiones en sus enlaces de compra.

Paso 6: Evaluación de Estrategias en Mensajes Directos

- Ejemplo de Evaluación en Mensajes Directos: Una marca de belleza puede rastrear cuántos Mensajes Directos resultaron en ventas o consultas sobre productos.

Paso 7: Análisis de Resultados y Ajustes

Después de recopilar datos, analiza los resultados en relación con tus objetivos. Luego, ajusta tus estrategias según lo necesario:

- Si tus Reels no están generando interacción, considera cambiar el contenido o la frecuencia.
- Si las Historias obtienen un alto compromiso con las encuestas, continúa utilizando esta táctica.
- Si tus Publicaciones generan muchas interacciones pero pocas conversiones, trabaja en una llamada a la acción más efectiva.
- Si los Mensajes Directos están generando ventas, considera automatizar respuestas para manejar volúmenes más altos.

Paso 8: Prueba y Experimentación Constante

Siempre busca formas de mejorar. Experimenta con nuevos formatos, horarios de publicación y tipos de contenido.

Ejemplo de Ajuste Continuo Exitoso:

- Una tienda en línea de electrónica observa que sus Reels con tutoriales de productos obtienen más interacción que los Reels promocionales. Ajustan su estrategia para crear más contenido educativo.

En resumen, medir el éxito y ajustar continuamente tus estrategias es fundamental en la implementación de un embudo de ventas en Instagram. Al analizar y ajustar tus tácticas en función de los datos y los resultados, puedes mejorar constantemente tu efectividad en la plataforma y lograr un crecimiento sostenible en ventas y relaciones con los clientes.

Conclusiones

En este libro, hemos explorado a fondo cómo aprovechar el potencial de Instagram para construir embudos de ventas efectivos utilizando el método AIDA. Desde la captación de la atención hasta la conversión de seguidores en clientes leales, has aprendido las herramientas y estrategias necesarias para triunfar en esta plataforma dinámica y en constante evolución. A medida que te sumerges en el mundo del marketing en Instagram, recuerda que el éxito requerirá tiempo, esfuerzo y adaptación constante, pero los resultados valdrán la pena. ¡Adelante y comienza a crear embudos de ventas exitosos en Instagram hoy mismo!

Made in the USA
Columbia, SC
20 November 2023

26272661R00065